Was gibt's heute?

»Was gibt's heute?« ist eine inspirierende Fundgrube an unkomplizierten Rezepten für jeden Tag – mit 100 abwechslungsreichen und ausgewogenen Mahlzeiten für mittags und abends, für die ganze Familie, allesamt auf Alltagstauglichkeit getestet und für köstlich befunden.

Kochen nach Jahreszeiten ... das klappt!

:: Diese acht Kapitel warten auf Sie: Salate, Suppen, Pasta, Geflügel, Fleisch, Fisch und Meeresfrüchte, Vegetarisches und Süßes. Jedes Kapitel für sich ist nach den vier Jahreszeiten gegliedert – entwickelt nach dem Obst- und Gemüseangebot der Saison. In jedem Kapitel gibt es ein **BLITZREZEPT**, das in ca. 20 Minuten auf dem Tisch steht und Ihnen selbst bei großer Zeitnot zu einem leckeren Mittag- oder Abendessen verhilft.

:: Die Mengen sind für vier Personen berechnet, lassen sich aber auch problemlos halbieren. Mehr als zehn, im Supermarkt erhältliche Zutaten brauchen Sie nicht, und maximal 45 Minuten Zeit zum Zubereiten reichen.

In diesem Sinne wünschen wir Ihnen viel Spaß beim Nachkochen!

Was gibt's heute?

Spitzkohlsalat
mit Chicken-Wings

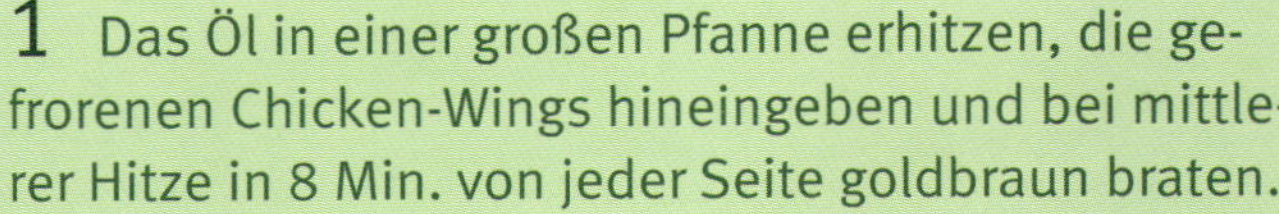

FÜR 4 PERSONEN
ZUBEREITUNG: CA. 30 MIN.

pro PORTION ca. 640 kcal
40 g EIWEISS   51 g FETT   9 g KOHLENHYDRATE

2 EL Öl | 16 TK-Chicken-Wings (ca. 600 g) | 600 g Spitzkohl | Salz | 200 g Möhren | 100 g Salatmayonnaise 150 g Naturjoghurt | 4 TL süßer Senf | Pfeffer | 4 EL Weißweinessig | 1 Bund Schnittlauch

1 Das Öl in einer großen Pfanne erhitzen, die gefrorenen Chicken-Wings hineingeben und bei mittlerer Hitze in 8 Min. von jeder Seite goldbraun braten.

2 Inzwischen den Kohl putzen, vierteln und den Strunk herausschneiden, die Kohlviertel quer in sehr feine Streifen schneiden. In einer Schüssel mit 1 TL Salz bestreuen und mit den Händen 3 Min. kräftig durchkneten. Möhren putzen, schälen und raspeln oder auch in feine Streifen schneiden, mit dem Kohl mischen.

3 Die Mayonnaise mit Joghurt, Senf, Salz, Pfeffer und Essig verrühren. Dressing und Salat mischen. Schnittlauch waschen, trocken schütteln und fein schneiden, bis auf 2 EL unter den Salat mischen. Übrigen Schnittlauch obendrauf streuen. Salat zu den Chicken-Wings servieren.

Lauwarmer Spargel-Schinken-Salat

800 g kleine Frühkartoffeln | Salz | je 500 g weißer und grüner Spargel | 2 Schalotten | 4 EL Weißweinessig | Pfeffer | 2 TL Honig | 8 EL Olivenöl 100 ml Gemüsefond oder -brühe | 200 g roter Gemüsepaprika (aus dem Glas) | 8 Basilikumblätter | 200 g roher Schinken (in dünnen Scheiben)

FÜR 4 PERSONEN
ZUBEREITUNG: CA. 45 MIN.
pro PORTION ca. 420 kcal
18 g EIWEISS 23 g FETT 35 g KOHLENHYDRATE

1 Die Kartoffeln waschen und mit Schale in kochendem Salzwasser 20 Min. kochen.

2 In einem Topf reichlich Salzwasser aufkochen. Spargel putzen, den weißen ganz, beim grünen Spargel nur das untere Drittel schälen. Beide in 5 cm lange Stücke schneiden oder Stangen ganz lassen. Weißen Spargel 10 Min. kochen, grünen Spargel zufügen und 5 Min. mitgaren.

3 Für die Vinaigrette Schalotten schälen und sehr fein würfeln. Essig, Salz, Pfeffer, Honig, Olivenöl und Fond oder Brühe verrühren. Paprika abtropfen lassen und in kleine Stücke schneiden. Basilikum abreiben und fein schneiden. Basilikum, Paprika und Schalotten mit der Vinaigrette verrühren.

4 Den Spargel herausnehmen und abtropfen lassen. Kartoffeln abgießen und etwas abkühlen lassen, nach Belieben schälen. Spargel, Kartoffeln und Schinken anrichten. Mit der Paprika-Vinaigrette beträufeln.

Zuckerschoten-Möhren-Salat
mit Mozzarellakugeln

FÜR 4 PERSONEN
ZUBEREITUNG: CA. 30 MIN.

pro PORTION ca. 525 kcal

21 g EIWEISS   43 g FETT   12 g KOHLENHYDRATE

**Salz | 400 g Zuckerschoten | 400 g Möhren
2 kleine Römersalate | 300 g Mozzarellakugeln
40 g Haselnüsse | ½ Knoblauchzehe (zum
Ausreiben) | 4 EL Weißweinessig | Pfeffer
1 TL Honig | 8–10 EL Olivenöl**

1 In einem Topf Salzwasser zum Kochen aufsetzen. Zucker-schoten waschen, putzen und größere Schoten schräg hal-bieren. Möhren schälen und schräg in dünne Scheiben schneiden. Gemüse im Salzwasser 3 Min. garen, dann ab-gießen, abschrecken und abtropfen lassen.

2 Inzwischen die Salate putzen, halbieren, Strunk entfer-nen und Blätter in Streifen schneiden. Mozzarellakugeln ab-tropfen lassen. Nüsse grob hacken und in einer Pfanne ohne Fett goldbraun rösten, etwas abkühlen lassen.

3 Eine Salatschüssel mit Knoblauch ausreiben. Essig, Salz, Pfeffer, Honig und Olivenöl zu einer Vinaigrette verrühren, Nüsse unterheben. Möhren, Zuckerschoten, Salat und Moz-zarella dazugeben, alles gut durchmischen. Auf Tellern an-richten, lauwarm servieren. Dazu passt deftiges Brot.

Brotsalat mit Spinat

Reste-Tipp

Statt Knoblauch-Baguette Weißbrot vom Vortag würfeln und mit etwas Butter leicht anbraten.

FÜR 4 PERSONEN
ZUBEREITUNG: CA. 35 MIN.

pro PORTION ca. 430 kcal

7 g EIWEISS 25 g FETT 44 g KOHLENHYDRATE

1 Knoblauch-Baguette (175 g; Kühlregal) | 200 g Salatgurke 200 g Kirschtomaten | 125 g zarter Blattspinat | 1 kleine Dose Maiskörner (140 g Abtropfgewicht) | 1 kleine weiße Zwiebel | ½ Bund Petersilie | 2 EL Weißweinessig | 1 EL Balsamico bianco | Salz | Pfeffer | 5–6 EL Olivenöl

1 Den Backofen auf 180° (Umluft 160°) vorheizen. Das Baguette nach Packungsangabe 8–10 Min. (Mitte) aufbacken.

2 Inzwischen die Gurke schälen, längs halbieren und in kleine Würfel schneiden. Kirschtomaten waschen und je nach Größe halbieren oder vierteln. Spinat waschen, trocken schütteln, verlesen und die dicken Stiele abknipsen. Spinatblätter grob hacken. Mais abgießen und gut abtropfen lassen. Zwiebel schälen und fein würfeln. Petersilie abbrausen, trocken schütteln, Blätter abzupfen und fein hacken. Knoblauchbaguette aus dem Ofen holen und etwas abkühlen lassen.

3 Das Baguette in kleine Würfel schneiden. In einer beschichteten Pfanne ohne Fett bei mittlerer Hitze in 3–5 Min. goldbraun anrösten.

4 Beide Essigsorten mit Salz, Pfeffer und Olivenöl gut verrühren. Gemüse, Petersilie und Brotwürfel vorsichtig darin wenden.

Maultaschen auf

Tomaten-Rucola-Salat

FÜR 4 PERSONEN
ZUBEREITUNG: CA. 30 MIN.

pro PORTION ca. 420 kcal

10 g EIWEISS 29 g FETT 31 g KOHLENHYDRATE

**2 l Fleischbrühe | 8 Schwäbische Maultaschen (Kühlregal)
8 Tomaten | 1 Bund Rucola (ca. 100 g) | 150 g Staudensellerie
4 EL Zitronensaft | Salz | Pfeffer | 6 EL Olivenöl | 2 EL Tomatenöl
(aus dem Glas) | 4 getrocknete Tomaten in Öl (aus dem Glas)**

1 Die Brühe aufkochen, die Maultaschen hineingeben und in 20 Min. gar ziehen lassen.

2 Inzwischen die Tomaten waschen, vom Stielansatz befreien und quer in Scheiben schneiden. Rucola waschen, trocken schütteln, harte Stiele entfernen, die Blätter grob hacken. Sellerie waschen, putzen und in feine Scheibchen schneiden.

3 Zitronensaft, Salz, Pfeffer, Olivenöl und 2 EL Tomatenöl verquirlen. Getrocknete Tomaten in kleine Würfel schneiden, unter die Vinaigrette rühren.

4 Tomaten, Rucola und Sellerie auf vier große Teller verteilen. Maultaschen aus der Brühe heben und abtropfen lassen, in Scheiben schneiden und dekorativ auf dem Salat anrichten. Mit der Vinaigrette beträufeln. Brot dazu reichen.

Veggie-Tipp

Mögen Sie es lieber vegetarisch? Dann nehmen Sie Gemüse-Maultaschen und garen sie in Gemüsebrühe!

Nizzasalat
mit Makrele

Salz | 150 g Prinzessbohnen | 4 Eier | 1 rote Paprika-
schote | 4 Tomaten | 1 Dose Artischockenherzen
(240 g Abtropfgewicht) | 120 g gemischter Blattsalat
(z. B. Radicchio, Kopfsalat) | 200 g geräucherte
Makrelenfilets | ½ Knoblauchzehe (zum Ausreiben)
3 EL Weißweinessig | Pfeffer | 6 EL Olivenöl | 50 g klei-
ne schwarze Oliven (entsteint)

FÜR 4 PERSONEN
ZUBEREITUNG: CA. 40 MIN.

pro PORTION ca. 410 kcal
21 g EIWEISS 31 g FETT 12 g KOHLENHYDRATE

1 In einem Topf Wasser mit Salz zum Kochen bringen. Die
Bohnen waschen, putzen, quer halbieren und im Salzwasser
3–4 Min. kochen. Dann abgießen, abschrecken und gut abtropfen lassen. Eier in 10–12 Min. hart kochen, abschrecken
und abkühlen lassen.

2 Die Paprikaschote waschen, vierteln, entkernen und
nicht zu klein schneiden. Tomaten waschen, vom Stielansatz
befreien und in Spalten schneiden. Artischocken abtropfen
lassen und halbieren oder vierteln. Salat waschen, trocken
schütteln, putzen und zerpflücken. Makrelenfilets häuten
und klein schneiden. Eier pellen und sechsteln.

3 Für die Vinaigrette eine große Schüssel mit der Knoblauch-
zehe ausreiben. Essig, Salz, Pfeffer und Olivenöl darin gründlich verquirlen. Nacheinander die Blattsalate, Paprika,
Tomaten, Artischocken, Makrele, Oliven und Eier in der
Vinaigrette wenden, die Mischung auf Tellern anrichten.

Gemüse-Tofu-Salat
mit Erdnuss-Dressing

FÜR 4 PERSONEN
ZUBEREITUNG: CA. 45 MIN.

pro PORTION ca. 560 kcal
30 g EIWEISS · 29 g FETT · 44 g KOHLENHYDRATE

Salz | 300 g festkochende Kartoffeln | ¼ l Öl zum Frittieren
300 g Tofu | 200 g Mungobohnensprossen | 200 g Bio-Salatgurke
1 gelbe Paprikaschote | 200 g Tomaten | 200 g ungesüßte Kokos-
milch (Dose) | 150 g stückige Erdnusscreme | 2–3 EL süße Sojasauce
(Ketjap manis) | 1 TL Sambal oelek | Pfeffer

1 In einem Topf Salzwasser aufkochen. Kartoffeln schälen, waschen, in sehr dünne Scheiben schneiden und im kochenden Wasser 6 Min. garen, dann abgießen und abtropfen lassen.

2 Inzwischen das Öl zum Frittieren in einer Kasserolle erhitzen. Tofu in dünne Scheiben schneiden und salzen. Portionsweise im heißen Öl 3 Min. frittieren. Auf Küchenpapier abtropfen lassen.

3 Die Sprossen in einem Sieb abbrausen und abtropfen lassen. Gurke gründlich waschen und ungeschält in sehr dünne Scheiben schneiden. Paprikaschote waschen, vierteln, putzen und in Streifen schneiden. Tomaten waschen, vom Stielansatz befreien und quer in dünne Scheiben schneiden.

4 Für das Dressing die Kokosmilch mit der Erdnusscreme gründlich verquirlen. Mit Sojasauce, Sambal oelek, Salz und Pfeffer abschmecken. Gemüse und Tofu dekorativ auf vier großen Tellern oder auf einer großen Platte anrichten. Die Hälfte der Sauce darüber verteilen, den Rest dazu reichen.

Beilagen-Tipp

Dazu schmeckt Krupuk (Krabbenbrot) super. Gibt's im Asienladen oder im Spezialitätenregal im Supermarkt.

Asiatischer Nudelsalat

FÜR 4 PERSONEN
ZUBEREITUNG: CA. 35 MIN.

pro PORTION ca. 465 kcal

24 g EIWEISS 18 g FETT 51 g KOHLENHYDRATE

Salz | 250 g Mie-Nudeln (chinesische Weizennudeln)
2 EL Limettensaft | 2 EL süß-scharfe Chilisauce | 4 EL helle Soja-
sauce | 6 EL Öl | 200 g Möhren | 1 Gärtnergurke (ca. 250 g)
1 rote Paprikaschote | 300 g Tatar | Pfeffer | 1 Bund Petersilie

1 Reichlich leicht gesalzenes Wasser aufkochen, die Nudeln darin nach Packungsangabe garen. Inzwischen für das Dressing Limettensaft, Chilisauce, 2 EL Sojasauce und 4 EL Öl verrühren. Nudeln abgießen, abtropfen lassen und mit einer Schere grob zerschneiden, in der Sauce wenden.

2 Die Möhren putzen und schälen. Gurke schälen, längs halbieren und entkernen. Beides in feine Streifen schneiden oder hobeln. Paprikaschote waschen, vierteln, entkernen und ebenfalls in Streifen schneiden. Das Gemüse unter die Nudeln mischen.

3 Das übrige Öl in einer beschichteten Pfanne erhitzen. Tatar darin unter Wenden braten, bis das Hackfleisch braun und krümelig ist. Mit der übrigen Sojasauce würzen. Fleisch unter die Nudeln mischen. Mit wenig Salz und mit Pfeffer abschmecken. Petersilie waschen, trocken schütteln, Blätter abzupfen, ganz lassen oder grob hacken und unterheben.

Bohnensalat mit Halloumi

Salz | 400 g grüne Bohnen (oder gelbe Wachsbohnen)
2 Zweige Bohnenkraut | 1 Dose weiße Riesenbohnen
(250 g Abtropfgewicht) | 1 rote Zwiebel | 40 g Kürbiskerne
4 EL Rotweinessig | Pfeffer | 5 EL Olivenöl | 1 EL Kürbis-
kernöl | 250 g Halloumi-Käse (Käse aus Zypern; ersatz-
weise Feta, Manouri oder halbfester Ziegenkäse)

1 In einem Topf reichlich Salzwasser zum Kochen aufsetzen. Die Bohnen waschen, putzen, halbieren und mit dem
Bohnenkraut ins kochende Salzwasser geben, in 10 Min.
bissfest garen.

2 Inzwischen die weißen Bohnen in ein Sieb abgießen,
abbrausen und gut abtropfen lassen. Zwiebel schälen,
halbieren und in feine Streifen schneiden. Kürbiskerne in
einer Pfanne ohne Fett anrösten, vom Herd nehmen. In
einer Schüssel Essig, Salz, Pfeffer, Olivenöl und Kürbis-
kernöl verrühren. Grüne Bohnen abgießen und abschrecken, noch lauwarm mit den übrigen Zutaten in dem
Dressing wenden.

3 Den Halloumi-Käse in Scheiben schneiden und zum
Bohnensalat servieren. Fladenbrot dazu reichen.

FÜR 4 PERSONEN
BLITZREZEPT: NUR CA. 20 MIN.

pro PORTION ca. 490 kcal

20 g EIWEISS 36 g FETT 17 g KOHLENHYDRATE

Tuning-Tipp

Gegrillter Halloumi: Den Käse
in ½ cm dicke Scheiben schneiden,
leicht überlappend in eine Gratinform legen und mit 1 EL Olivenöl
beträufeln. Unter dem vorgeheiz-
ten Backofengrill (2. Schiene
von oben) in 5 Min. gold-
braun grillen.

Linsensalat mit

Gorgonzola-Crostini

FÜR 4 PERSONEN
ZUBEREITUNG: CA. 40 MIN.

pro PORTION ca. 740 kcal
33 g EIWEISS 33 g FETT 76 g KOHLENHYDRATE

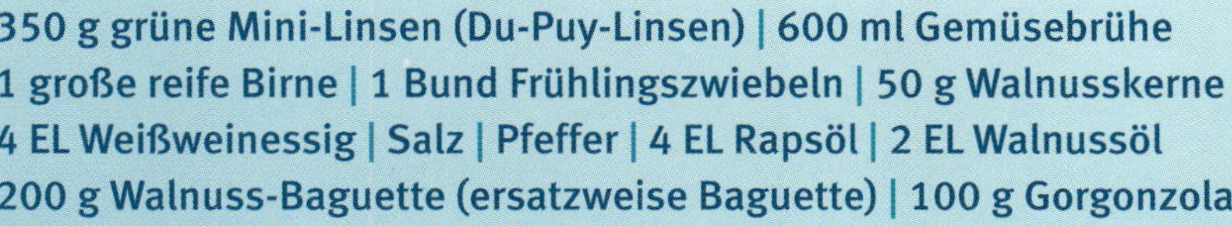

350 g grüne Mini-Linsen (Du-Puy-Linsen) | 600 ml Gemüsebrühe
1 große reife Birne | 1 Bund Frühlingszwiebeln | 50 g Walnusskerne
4 EL Weißweinessig | Salz | Pfeffer | 4 EL Rapsöl | 2 EL Walnussöl
200 g Walnuss-Baguette (ersatzweise Baguette) | 100 g Gorgonzola

1 Die Linsen mit der kalten Brühe in einen Topf geben, aufkochen und bei schwacher Hitze zugedeckt 15–20 Min. sanft garen.

2 Inzwischen die Birne achteln, schälen, das Kerngehäuse entfernen und das Fruchtfleisch in Scheibchen schneiden. Frühlingszwiebeln putzen, gründlich waschen und in feine Ringe schneiden, dabei etwa 1/3 des dunkelgrünen Teils mit verwenden. Die Nüsse grob hacken und in einer Pfanne ohne Fett anrösten. Vom Herd nehmen und abkühlen lassen. Die Linsen abgießen.

3 Den Backofen-Grill oder den Backofen auf 250° (Umluft nicht empfehlenswert) vorheizen. In einer Schüssel Essig, Salz, Pfeffer und beide Ölsorten zu einer Vinaigrette rühren. Die noch warmen Linsen, Birne, Frühlingszwiebeln und Walnüsse darin wenden.

4 Baguette in dünne Scheiben schneiden. Gorgonzola würfeln und darauf verteilen. Auf den Rost auf Alufolie legen und im heißen Ofen (2. Schiene von oben) 3–4 Min. rösten, bis der Käse leicht geschmolzen ist. Crostini sofort mit dem Linsensalat anrichten.

Bulgursalat mit Chicorée

FÜR 4 PERSONEN
ZUBEREITUNG CA. 35 MIN.
pro PORTION ca. 385 kcal
20 g EIWEISS 21 g FETT 32 g KOHLENHYDRATE

Salz | 150 g Bulgur (Weizengrütze) | 2 Chicoréestauden (à ca. 150 g) 150 g kleine Egerlinge | 1 rote Peperoni | 1 Orange | 1 Bund Petersilie | 4 EL Zitronensaft | 5 EL Olivenöl | Pfeffer | 200 g Feta

1 In einem Topf 300 ml leicht gesalzenes Wasser zum Kochen bringen. Bulgur einrühren, kurz umrühren und zugedeckt auf der abgeschalteten Herdplatte 15 Min. ausquellen, dann offen 5 Min. ausdampfen lassen.

2 Inzwischen den Chicorée waschen, putzen, längs halbieren, den Strunk keilförmig herausschneiden. Die Hälften in 2 cm breite Streifen schneiden. Egerlinge putzen, abreiben und in feine Scheiben schneiden. Peperoni putzen, längs halbieren, entkernen, dann in feine Würfel schneiden. Die Orange wie einen Apfel samt der weißen Haut schälen. Filets zwischen den Trennwänden herausschneiden, abtropfenden Saft auffangen. Petersilie abbrausen, trocken schütteln, Blätter abzupfen und hacken.

3 Den Bulgur mit einer Gabel auflockern, mit Chicorée, Pilzen, Peperoni, Orangenfilets und Petersilie sowie dem abgetropften Orangensaft, Zitronensaft und Olivenöl mischen. Salzen und pfeffern. Feta zerbröckeln und vor dem Servieren obendrauf streuen. Dazu Fladenbrot servieren.

Roter Rindfleischsalat

Salz | 250 g festkochende Kartoffeln | 150 g Möhren
300 g gekochte Rote Beten (Kühlregal) | 1 rote Zwiebel | 2–3 EL Rotweinessig | Pfeffer | 6 EL Öl | 2 Rumpsteaks (à ca. 200 g; oder Reste vom Sonntagsbraten)
1 TL rosenscharfes Paprikapulver | ½ Bund Petersilie
1 Stück frischer Meerrettich (ca. 2 cm)

FÜR 4 PERSONEN
ZUBEREITUNG: CA. 40 MIN.

pro PORTION ca. 430 kcal

17 g EIWEISS 33 g FETT 15 g KOHLENHYDRATE

1 In einem Topf Salzwasser aufkochen. Die Kartoffeln und Möhren schälen und klein würfeln. Im kochenden Wasser 5 Min. garen, dann abgießen und abtropfen lassen, dabei 75 ml Kochwasser auffangen.

2 Inzwischen die Roten Beten in Würfel schneiden. Die Zwiebel schälen und fein hacken. In einer Schüssel das aufgefangene Kochwasser mit Essig, Salz, Pfeffer und 4 EL Öl verrühren. Kartoffeln, Möhren, Rote Beten und Zwiebel in der Marinade wenden.

3 Die Steaks trocken tupfen, beidseitig mit Salz, Pfeffer und Paprikapulver würzen. Übriges Öl erhitzen, Steaks darin bei mittlerer Hitze auf beiden Seiten 5 Min. braten. Herausnehmen, kurz ruhen lassen, dann in Streifen schneiden und unter den Salat heben oder auf dem Salat anrichten.

4 In der Zwischenzeit die Petersilie waschen, trocken schütteln, Blätter abzupfen und nach Belieben fein hacken. Meerrettich schälen und reiben. Beides auf den Salat streuen.

Ravioli-Gemüse-Topf

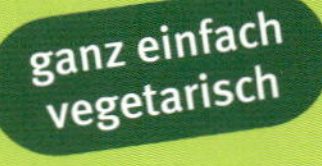

FÜR 4 PERSONEN
ZUBEREITUNG: CA. 35 MIN.
pro PORTION ca. 425 kcal
19 g EIWEISS 24 g FETT 33 g KOHLENHYDRATE

1 Zwiebel | 2 Knoblauchzehen | 200 g Möhren
200 g Staudensellerie | 1 zarter Kohlrabi
4 EL Olivenöl | Salz | Pfeffer | 1,6 l Gemüsebrühe
½ Bund Petersilie | 500 g Ravioli mit Spinat-
und Ricotta-Füllung (Kühlregal) | 50 g frisch
geriebener Parmesan

1 Die Zwiebel und den Knoblauch schälen
und fein würfeln. Möhren schälen und schräg
in Scheiben schneiden. Sellerie waschen, putzen und schräg in dünne Scheiben schneiden.
Kohlrabi putzen, schälen, achteln und die
Achtel quer in Scheiben schneiden.

2 Das Öl in einem Suppentopf erhitzen,
Zwiebel und Knoblauch darin glasig dünsten.
Möhren, Sellerie und Kohlrabi hineingeben
und 3 Min. andünsten. Mit Salz und Pfeffer
würzen. Brühe aufgießen und 10 Min. bei
mittlerer Hitze kochen lassen.

3 Die Petersilie waschen, trocken schütteln,
Blätter abzupfen und hacken. Die Ravioli in
die Suppe geben, aufkochen und 2 Min. bei
schwacher Hitze ziehen lassen. Die Suppe mit
Salz und Pfeffer abschmecken. Mit Petersilie
und Parmesan bestreut servieren.

Tomatensuppe mit Kichererbsen

1 Gemüsezwiebel | 2 Knoblauchzehen | 1 Bund Suppengrün | 1 Dose Kichererbsen (480 g Abtropfgewicht) | 2 EL Olivenöl | 2 TL gemahlener Kreuzkümmel | 1 große Dose Tomaten (800 g Abtropfgewicht) | 1 l Gemüsebrühe | ½ Bund Schnittlauch | Salz | Pfeffer | 200 g Sahnejoghurt

FÜR 4 PERSONEN
ZUBEREITUNG: CA. 40 MIN.

pro PORTION ca. 580 kcal

30 g EIWEISS 19 g FETT 73 g KOHLENHYDRATE

1 Die Zwiebel schälen und würfeln. Knoblauch schälen und fein hacken. Suppengrün waschen, putzen und in kleine Würfel schneiden. Kichererbsen abgießen, kalt abspülen und gut abtropfen lassen.

2 In einem Topf das Öl erhitzen. Zwiebel und Knoblauch glasig dünsten. Suppengrün dazugeben und 2–3 Min. andünsten. Mit Kreuzkümmel bestäuben, kurz anschwitzen. Tomaten mit Saft dazugeben, Fruchtfleisch mit einem Kochlöffel zerdrücken. Mit der Brühe auffüllen und aufkochen lassen. Kichererbsen hinzufügen und alles zugedeckt bei mittlerer Hitze 15 Min. garen.

3 Inzwischen den Schnittlauch waschen, trocken schütteln und in feine Röllchen schneiden. Suppe mit Salz und Pfeffer würzen und auf vier Tellern oder in vier Schüsseln anrichten. Je 1 Klecks Joghurt daraufgeben und mit Schnittlauch bestreuen. Restlichen Joghurt extra reichen. Fladenbrot passt dazu.

Asia-Hähnchentopf
mit Reis

leicht und lecker

FÜR 4 PERSONEN
ZUBEREITUNG: CA. 45 MIN.

pro PORTION ca. 360 kcal
36 g EIWEISS 13 g FETT 25 g KOHLENHYDRATE

100 g Langkornreis | Salz | 150 g Zuckerschoten
1 große rote Paprikaschote | 1 Bund Frühlingszwie-
beln | 1 Stück Ingwer (ca. 2 cm) | 1 rote Chilischote
400 g Hähnchenbrustfilet | 4 EL Öl | 800 ml Geflügel-
fond (aus dem Glas; ersatzweise Gemüsebrühe)
3–4 EL Sojasauce | Pfeffer

1 Den Reis in kochendem Salzwasser nach Packungsangabe kochen, abgießen und abtropfen lassen.

2 Inzwischen die Zuckerschoten waschen, putzen
und schräg halbieren. Paprikaschote putzen, waschen
und klein würfeln. Frühlingszwiebeln putzen, waschen,
das Weiße und Hellgrüne schräg in Ringe schneiden.
Ingwer schälen, Chilischote putzen und entkernen,
beides fein würfeln. Hähnchenfilet waschen, trocknen
und in Streifen schneiden.

3 In einem Topf 2 EL Öl erhitzen, Hähnchenfilet bei
starker Hitze portionsweise in 2–3 Min. anbraten,
herausnehmen. Übriges Öl erhitzen, Ingwer und Chili
darin andünsten. Mit dem Fond aufgießen, aufkochen
lassen. Zuckerschoten, Paprika und Zwiebeln dazugeben und bei mittlerer Hitze 5 Min. garen. Reis und
Fleisch dazugeben, weitere 5 Min. sanft kochen. Mit
Sojasauce, Salz und Pfeffer würzen.

Minestrone mit Nudeln und Pesto

FÜR 4 PERSONEN

BLITZREZEPT: NUR CA. 20 MIN.

pro PORTION ca. 320 kcal

9 g EIWEISS 21 g FETT 25 g KOHLENHYDRATE

600 g gemischtes TK-Suppengemüse | 1 Zwiebel | 2 Knoblauchzehen 200 g kleine Tomaten | 2 EL Olivenöl | 1,5 l Gemüsebrühe | Salz Pfeffer | 150 g Suppenmuschelnudeln | 4 Zweige Thymian | 4 EL Tomatenpesto (aus dem Glas) | 40 g gehobelter Parmesan

1 Das Suppengemüse aus der Packung nehmen und antauen lassen. Zwiebel und Knoblauch schälen und fein würfeln. Tomaten waschen und vierteln.

2 In einem großen Topf das Öl erhitzen. Zwiebel, Knoblauch und Suppengemüse darin andünsten. Brühe dazugießen und aufkochen lassen. Salzen und pfeffern und bei schwacher Hitze 5 Min. sanft kochen lassen. Nudeln dazugeben und nach Packungsangabe ca. 5 Min. garen.

3 Inzwischen den Thymian abbrausen, trocken schütteln, Blättchen abzupfen und grob hacken. Kurz vor Ende der Garzeit mit den Tomaten in die Suppe geben. Diese mit Pesto, Salz und Pfeffer abschmecken. Parmesan obendrauf streuen.

Saison-Tipp

Haben Sie mehr Zeit? Dann ersetzen Sie das TK-Gemüse durch frisches Gemüse der Saison, z. B. Brokkoli, Bohnen, Zuckerschoten, Mangold. Rechnen Sie 900 g Gemüse vorm Putzen.

Kalte Tomaten-Gurken-Suppe

600 g reife Strauchtomaten | 1 Salatgurke | 1 grüne
Paprikaschote | 1 große weiße Zwiebel | 6 Scheiben
Toastbrot | 400 ml eiskalter Gemüse- oder Tomaten-
saft | 2 EL + 1 TL Olivenöl | 2 EL Weißweinessig
2 Knoblauchzehen | Salz | Pfeffer | 4–6 Eiswürfel

FÜR 4 PERSONEN

ZUBEREITUNG: CA. 35 MIN.

pro PORTION ca. 190 kcal

5 g EIWEISS 8 g FETT 23 g KOHLENHYDRATE

1 2 Tomaten waschen und beiseitelegen. Die übrigen
Tomaten überbrühen, abschrecken, häuten und in Würfel
schneiden. Gurke schälen, Paprikaschote waschen, halbieren und putzen. Zwiebel schälen. Jeweils die Hälfte von
Gurke, Paprika unc Zwiebel grob zerkleinern.

2 4 Scheiben Toastbrot mit dem Gemüse- oder Tomatensaft beträufeln und ziehen lassen. Das zerkleinerte Gemüse
mit 2 EL Öl und dem Essig im Mixer oder mit dem Pürierstab
fein pürieren. Das eingeweichte Toastbrot samt Saft hinzufügen. Knoblauch schälen und dazupressen. Nochmals
alles pürieren, mit Salz und Pfeffer abschmecken.

3 Das übrige Toastbrot in kleine Würfel schneiden. In
einer kleinen Pfanne 1 TL Olivenöl erhitzen, Brotwürfel darin goldbraun rösten. Übriges Gemüse in sehr feine Würfel
schneiden. Eiswürfel in ein Tuch einschlagen und zerstoßen
oder in einem Ice-Crusher zerkleinern. Gemüsewürfel und
Eis in die Suppe rühren. Croûtons obendrauf streuen oder
dazu reichen.

Vorbereitungs-Tipp

Eiskalter Genuss – die Suppe vor-
bereiten und mindestens 3 Std. im
Kühlschrank durchziehen lassen.
Gemüsewürfel und Croûtons vorm
Servieren daraufstreuen.

Blumenkohl-Rahmsuppe
mit Lachs

FÜR 4 PERSONEN
ZUBEREITUNG: CA. 35 MIN.
pro PORTION ca. 390 kcal
15 g EIWEISS 32 g FETT 9 g KOHLENHYDRATE

500 g Blumenkohl | 1 große Zwiebel | 2 Knoblauchzehen 100 g TK-Erbsen | 2 EL Butter | 800 ml Gemüsefond (aus dem Glas; ersatzweise Gemüsebrühe) | 200 g Sahne 200 g Lachsfilet (ohne Haut) | Salz | Pfeffer | 1 EL Öl

1 Den Blumenkohl putzen, Blätter und Strunk entfernen. Blumenkohl in kleine Röschen schneiden. Zwiebel schälen und klein würfeln. Knoblauch schälen und durch die Presse drücken. Erbsen auftauen lassen.

2 Die Butter in einem großen Topf erhitzen. Zwiebel und Knoblauch darin kurz andünsten. Blumenkohl dazugeben und 3–4 Min. mitdünsten. Fond oder Brühe und Sahne aufgießen, aufkochen und offen bei mittlerer Hitze 10 Min. kochen lassen.

3 Inzwischen das Lachsfilet waschen, trocken tupfen, beidseitig salzen und pfeffern. Öl erhitzen, Lachs darin bei starker Hitze auf jeder Seite 2 Min. anbraten. Lachs herausnehmen und abkühlen lassen.

4 Etwa ⅓ des Blumenkohls mit der Schaumkelle herausnehmen, die Suppe mit dem Pürierstab pürieren. Blumenkohl und Erbsen hineingeben, einmal kurz aufkochen lassen. Mit Salz und Pfeffer abschmecken. Lachs in Scheiben schneiden und in die Suppe legen.

Paprika-Chorizo- Eintopf

deftig & kräftig

**350 g Chorizo (spanische Paprikawurst) | 1 Gemüse-
zwiebel | 2 Knoblauchzehen | 600 g festkochende Kar-
toffeln | je 2 gelbe und rote Paprikaschoten | 800 ml
Gemüsebrühe | 100 g schwarze Oliven (entsteint)
Salz | Pfeffer | ½ Bund Basilikum nach Belieben**

FÜR 4 PERSONEN
ZUBEREITUNG: CA. 40 MIN.

pro PORTION ca. 580 kcal

27 g EIWEISS 38 g FETT 32 g KOHLENHYDRATE

1 Die Chorizo in dünne Scheiben schneiden. Zwiebel und
Knoblauchzehen schälen und würfeln. Kartoffeln schälen,
waschen und klein würfeln. Paprikaschoten waschen, halbieren, Kerne und Trennwände entfernen, Hälften in 2 cm
große Stücke schneiden.

2 Einen Topf ohne Öl erhitzen. Chorizo darin von beiden
Seiten in jeweils 1–2 Min. bei mittlerer Hitze anbraten und
wieder herausnehmen. Zwiebel, Knoblauch, Paprika und
Kartoffeln in den Topf geben und bei schwacher Hitze 3 Min.
anbraten. Brühe angießen, aufkochen und zugedeckt bei
mittlerer Hitze 10 Min. sanft kochen.

3 Chorizo und Oliven dazugeben und zugedeckt noch
5 Min. bei schwacher Hitze ziehen lassen. Den Eintopf mit
Salz und Pfeffer abschmecken. Nach Belieben Basilikum
abreiben, grob hacken und aufstreuen.

Kürbis-Kokos-Suppe
mit Garnelen

FÜR 4 PERSONEN
ZUBEREITUNG: CA. 45 MIN.

pro PORTION ca. 290 kcal

28 g EIWEISS 13 g FETT 13 g KOHLENHYDRATE

1 Stück Ingwer (ca. 3 cm) | 1 Zwiebel | 1 rote Chilischote | 700 g Kürbis
(ca. 500 g Kürbisfleisch) | 4 EL Olivenöl | 2 EL scharfes Currypulver
1 Dose ungesüßte Kokosmilch (400 g Inhalt) | ½ l Gemüsebrühe
12 frische Riesengarnelen (ersatzweise aufgetaute TK-Ware)
2 Knoblauchzehen | Salz | Pfeffer | Schaschlikspieße

1 Den Ingwer schälen und hacken. Zwiebel schälen und fein würfeln. Chilischote waschen, putzen, entkernen und winzig klein würfeln. Kürbis schälen, Kerne und Fasern entfernen. Kürbisfleisch 1 cm klein würfeln.

2 In einem Topf 2 EL Öl erhitzen. Ingwer, Zwiebel und Chilischote darin 2–3 Min. andünsten. Kürbis dazugeben und weitere 4 Min. dünsten. Currypulver einrühren und kurz anschwitzen. Kokosmilch und Brühe dazugießen. Zum Kochen bringen und alles zugedeckt bei schwacher Hitze 15 Min. sanft kochen lassen.

3 Inzwischen die Garnelen schälen, dabei die Schwanzflosse dran lassen; Garnelen waschen und trocken tupfen. Je 3 Stück auf 1 Schaschlikspieß stecken. Knoblauch schälen und fein würfeln. Übriges Öl in einer Pfanne erhitzen, Garnelenspieße und Knoblauch hineingeben und die Spieße darin von jeder Seite 1 Min. braten. Pfanne vom Herd nehmen.

4 Aus der Suppe 4 EL Kürbisfleisch entnehmen und beiseitestellen. Die Suppe mit einem Pürierstab fein aufmixen, mit Salz und Pfeffer abschmecken. Kürbiswürfel wieder hineingeben. Suppe mit je 1 Garnelenspieß anrichten.

Graupensuppe
mit Spinat

125 g Perlgraupen | 4 Schalotten | 2 Knoblauchzehen
10 g getrocknete Steinpilze | 3 EL Olivenöl | 1,6 l Gemüse-
brühe | 300 g festkochende Kartoffeln | 400 g Blattspinat
Salz | Pfeffer | ½ Bund Dill | 4 EL saure Sahne

FÜR 4 PERSONEN
ZUBEREITUNG: CA. 45 MIN.
pro PORTION ca. 280 kcal
9 g EIWEISS 11 g FETT 36 g KOHLENHYDRATE

1 Die Graupen in einem Sieb abbrausen und abtropfen lassen. Schalotten und Knoblauch schälen und fein würfeln. Steinpilze grob hacken. In einem Topf 2 EL Öl erhitzen, Schalotten, Knoblauch und Steinpilze darin 2 Min. andünsten. Graupen dazugeben, unter Rühren kurz mitbraten. Mit der Brühe aufgießen, aufkochen und zugedeckt bei schwacher Hitze 25 Min. garen.

2 Inzwischen die Kartoffeln schälen, 1 cm klein würfeln und 10 Min. vor Ende der Garzeit in die Suppe geben. Suppe aufkochen und Kartoffeln bis zum Schluss mitgaren. Spinat putzen, waschen, verlesen und grob hacken. 1 EL Öl in einer Pfanne erhitzen, den Spinat hineingeben und in 2–3 Min. bei mittlerer Hitze zusammenfallen lassen. Pfanne vom Herd nehmen.

3 Den Spinat zum Schluss unter die Graupensuppe rühren, nicht mehr kochen lassen. Mit Salz und Pfeffer abschmecken. Dill abbrausen, trocken schütteln und grob hacken. Die Suppe auf vier Tellern anrichten und mit je 1 EL saurer Sahne und etwas Dill garnieren.

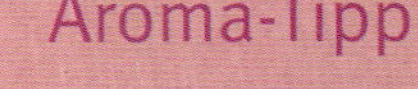

Aroma-Tipp

Kräftiger schmeckt's, wenn Sie mit den Graupen noch 50 g fein gewürfelten Räucherspeck anbraten.

Maissuppe mit Brätklößchen

Kinderliebling

FÜR 4 PERSONEN
ZUBEREITUNG: CA. 35 MIN.
pro PORTION ca. 610 kcal
28 g EIWEISS 24 g FETT 70 g KOHLENHYDRATE

1 Zwiebel | 1 mittelgroße Stange Lauch | 500 g vorwiegend festkochende Kartoffeln | 3 EL Butter | 3 EL Mehl 800 ml Fleischbrühe | 1 Dose Maiskörner (285 g Abtropfgewicht) | 2–3 Kalbsbrätwürstchen oder 300 g Kalbsbrät 125 g Sahne | Salz | Pfeffer | 1 Bund Schnittlauch

1 Die Zwiebel schälen und fein würfeln. Lauch putzen, waschen und in feine Scheiben schneiden. Kartoffeln schälen und 1,5 cm groß würfeln.

2 Die Butter in einem Topf erhitzen, Zwiebel und Lauch darin glasig dünsten. Mehl darüberstäuben, kurz anschwitzen und mit der Brühe ablöschen, aufkochen. Mais abgießen, abtropfen lassen und mit den Kartoffeln in die Suppe geben. Zugedeckt bei schwacher Hitze 10 Min. sanft kochen lassen.

3 Inzwischen das Brät aus den Würstchen drücken und mit feuchten Händen zu 16 Klößchen rollen. Die Sahne in die Suppe gießen, diese kräftig mit Salz und Pfeffer würzen. Brätklößchen zur Suppe geben, 5 Min. bei schwacher Hitze ziehen lassen.

4 Den Schnittlauch waschen, trocken schütteln und in feine Röllchen schneiden. Die Hälfte davon in die Suppe rühren, den Rest obendrauf streuen.

Blitz-Chili

wie beim Mexikaner

con carne

FÜR 4 PERSONEN

ZUBEREITUNG: CA. 35 MIN.

pro PORTION ca. 475 kcal

37 g EIWEISS 24 g FETT 28 g KOHLENHYDRATE

**1 große Zwiebel | je 1 rote und orange Paprikaschote
2 Dosen Kidneybohnen (à 240 g Abtropfgewicht)
1 EL Olivenöl | 350 g Rinderhackfleisch | Salz | Pfeffer
1 EL Chilipulver | 1 große Dose geschälte Tomaten
(800 g Inhalt) | ½ l kräftige Fleischbrühe | 4 Frühlings-
zwiebeln | 100 g Cheddarkäse**

1 Die Zwiebel schälen und würfeln. Paprikaschoten waschen, vierteln, entkernen und 1 cm groß würfeln. Bohnen in einem Sieb abspülen und abtropfen lassen.

2 Das Öl in einem Topf erhitzen. Hackfleisch darin unter Rühren in 5 Min. hellbraun braten. Mit Salz und Pfeffer würzen. Zwiebeln, Knoblauch und Paprika dazugeben und bei mittlerer Hitze 4 Min. unter Rühren andünsten. Mit dem Chilipulver bestreuen, anschwitzen. Tomaten mit Saft dazugeben, Tomaten mit einem Kochlöffel zerdrücken. Brühe dazugießen, Bohnen einrühren. Aufkochen und offen bei schwacher Hitze 15 Min. sanft kochen lassen.

3 Inzwischen die Frühlingszwiebeln waschen, putzen, das Weiße und Hellgrüne in feine Ringe schneiden. Cheddarkäse fein reiben. Den Eintopf noch mal kräftig abschmecken. Frühlingszwiebeln und Käse vor dem Servieren auf das Chili streuen.

Miesmuscheln
im Cidresud

FÜR 4 PERSONEN
ZUBEREITUNG: CA. 35 MIN.

pro PORTION ca. 185 kcal

11 g EIWEISS 7 g FETT 12 g KOHLENHYDRATE

2 kg Miesmuscheln | 4 Schalotten | 2 Knoblauchzehen
250 g Möhren | 250 g Staudensellerie | 500 g kleine Tomaten
2 EL Olivenöl | ¾ l Gemüsebrühe | ¼ l trockener Cidre | 4 Zweige
Thymian | Salz | Pfeffer

1 Die Muscheln unter kaltem Wasser gründlich waschen, geöffnete Muscheln aussortieren – sie sind verdorben. Schalotten schälen und in feine Ringe schneiden. Knoblauch schälen und fein würfeln. Möhren schälen und klein würfeln. Sellerie waschen, putzen und schräg in dünne Scheiben schneiden. Tomaten waschen, vom Stielansatz befreien und in Spalten schneiden.

2 Das Öl in einem großen Topf erhitzen. Schalotten, Knoblauch, Möhren und Sellerie kurz andünsten. Muscheln dazugeben, mit Brühe und Cidre ablöschen. Thymian abbrausen und obendrauf legen. Muscheln zugedeckt bei mittlerer Hitze 5 Min. kochen lassen, bis sie sich geöffnet haben, dabei den Topf mehrmals schütteln.

3 Den Sud kräftig mit Salz und Pfeffer abschmecken. Tomaten hinzufügen und nur kurz erhitzen. Mit Baguette oder Landbrot servieren, um den Sud aufzustippen.

Tuning-Tipp

Baguette oder Brot in Scheiben schneiden und mit 40 g Kräuterbutter bestreichen. Im Ofen (Mitte) bei 200° (Umluft 180°) 10 Min. backen.

Bohnen-Linguine

dezent knob-lauchwürzig

mit Bärlauchsauce

Salz | 400 g Linguine (schmale Bandnudeln)
300 g TK-Prinzessbohnen | 2 EL Butter | 2 EL Mehl
200 ml Gemüsebrühe | 150 g Sahne | 80 g Bärlauch
250 g Kirschtomaten | Pfeffer | frisch geriebene
Muskatnuss | 1–2 TL Zitronensaft

FÜR 4 PERSONEN
ZUBEREITUNG: CA. 30 MIN.
pro PORTION ca. 590 kcal
17 g EIWEISS 18 g FETT 87 g KOHLENHYDRATE

1 In einem Topf Salzwasser aufkochen. Die Nudeln in das Wasser geben und bei mittlerer Hitze in 8–10 Min. bissfest garen. Nach 4 Min. Garzeit die TK-Bohnen dazugeben, Wasser erneut aufkochen und alles 5 Min. garen.

2 Inzwischen die Butter in einer Kasserolle zerlassen, das Mehl darüber stäuben und kurz anschwitzen. Brühe und Sahne angießen und die Sauce unter gelegentlichem Rühren 10 Min. sanft kochen lassen, bis sie angedickt ist.

3 Den Bärlauch waschen und trocken schütteln, die harten Stiele entfernen und die Blätter in Streifen schneiden oder grob hacken. Kirschtomaten waschen und halbieren.

4 Die Nudeln und Bohnen zusammen abgießen, kurz abtropfen lassen und mit den Tomaten mischen. Béchamelsauce mit Salz, Pfeffer, Muskat und Zitronensaft abschmecken. Sauce vom Herd nehmen und den Bärlauch unterrühren, Sauce nicht mehr kochen lassen. Die Sauce mit den Bohnen-Tomaten-Nudeln anrichten.

Tagliatelle

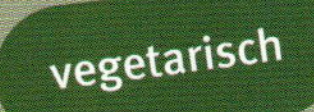

mit Kohlrabi

Salz | 350 g grüne Tagliatelle | 2 junge Kohlrabi (à ca. 200 g) | 2 Schalotten
2 Knoblauchzehen | 1 Bund Frühlingszwiebeln | 30 g Pinienkerne | 3 EL Olivenöl | 200 ml Gemüsefond (aus dem Glas; ersatzweise Gemüsebrühe)
250 g Sahne | Pfeffer | 80 g grob geriebener Pecorino

FÜR 4 PERSONEN
ZUBEREITUNG: CA. 40 MIN.
pro PORTION ca. 725 kcal
24 g EIWEISS 40 g FETT 70 g KOHLENHYDRATE

1 Reichlich Salzwasser zum Kochen aufsetzen. Die Nudeln darin nach Packungsanweisung bissfest garen, abgießen und abtropfen lassen.

2 Kohlrabi schälen, in dünne Scheiben, diese in Rauten schneiden. Schalotten und Knoblauch schälen und würfeln. Frühlingszwiebeln putzen und in feine Ringe schneiden. Pinienkerne in einer trockenen Pfanne rösten.

3 Das Öl in einer großen Pfanne erhitzen. Schalotten und Knoblauch glasig dünsten. Kohlrabi dazu geben und 2 Min. mitdünsten. Fond angießen, in ca. 5 Min. auf die Hälfte einkochen lassen. Sahne einrühren und bei mittlerer Hitze in 5 Min. leicht cremig einkochen lassen. Die Frühlingszwiebeln und Pinienkerne untermischen. Die Sauce mit Salz und Pfeffer abschmecken. Mit den Nudeln anrichten. Den Pecorino aufstreuen.

Möhren-Kerbel-Nudeln

**Salz | 350 g Spaghetti | 150 g TK-Erbsen
500 g Bundmöhren | 50 g Kerbel (ersatz-
weise 1 Bund Petersilie) | 2 Knoblauchze-
hen | ¼ Bio-Zitrone | 4 EL Öl | 2 EL Butter
200 ml Gemüsefond (Glas) oder -brühe
Pfeffer | 1–2 TL Zucker**

**FÜR 4 PERSONEN
ZUBEREITUNG: CA. 35 MIN.**
pro PORTION ca. 520 kcal
15 g EIWEISS 16 g FETT 81 g KOHLENHYDRATE

1 Reichlich Salzwasser aufkochen. Nudeln darin nach
Packungsangabe in 8–10 Min. bissfest garen. Nach 5 Min.
Garzeit die gefrorenen Erbsen dazugeben, Wasser erneut
aufkochen und Erbsen bis zum Schluss mitgaren.

2 Inzwischen die Möhren putzen, dünn schälen, längs
halbieren oder vierteln und in 4 cm lange, schräge Stücke
schneiden. Kerbel abbrausen, trocken schleudern, grobe
Stiele abzupfen, Blätter fein hacken. Knoblauch schälen und
in kleine Würfel schneiden. Zitrone heiß waschen, Schale
dünn abschälen und in sehr feine Streifen schneiden.

3 In einer großen Pfanne Öl und Butter erhitzen, Knoblauch
und Zitronenschale darin bei mittlerer Hitze kurz anbraten.
Möhren dazugeben und unter Rühren 2–3 Min. andünsten.
Fond oder Brühe aufgießen, offen 8 Min. sanft kochen lassen.

4 Die Nudeln und Erbsen abgießen, ⅛ l Kochwasser auffangen. Möhrengemüse mit Salz, Pfeffer und Zucker würzen,
mit Nudeln, Kochwasser und Kerbel mischen. Mit Pfeffer bestreut servieren.

Lachs-Spaghetti mit Pesto

Salz | 250 g Zuckerschoten | 400 g Spaghetti | 1 EL Pinienkerne | 1 Bund Basilikum (ca. 40 g) | 1 Knoblauchzehe | 50 ml + 2 EL Olivenöl | 30 g geriebener Parmesan | Pfeffer | 500 g Lachsfilet (ohne Haut) 1 EL Zitronensaft

FÜR 4 PERSONEN
ZUBEREITUNG: CA. 40 MIN.

pro PORTION ca. 790 kcal

43 g EIWEISS 33 g FETT 79 g KOHLENHYDRATE

Vorrats-Tipp

Die doppelte Menge Pesto zubereiten und in einem Glas gut verschlossen an einem kühlen, dunklen Ort aufbewahren.

1 Reichlich Salzwasser aufkochen. Zuckerschoten waschen, putzen und schräg halbieren. Spaghetti in 8–10 Min. bissfest garen, 3 Min. vor Ende der Garzeit die Zuckerschoten dazugeben und bis zum Schluss mitgaren. Inzwischen die Pinienkerne in einer trockenen Pfanne unter Rühren goldbraun anrösten, abkühlen lassen.

2 Basilikumblätter abzupfen, abreiben, einige Blätter beiseitelegen. Knoblauch schälen. Übriges Basilikum und Knoblauch grob hacken. Beides mit ½ TL Salz im Mixer kurz pürieren. 50 ml Olivenöl und den Parmesan nach und nach untermischen und alles zu einer Paste pürieren. Mit Salz und Pfeffer würzen.

3 Das Lachsfilet waschen, trocken tupfen und in mundgerechte Stücke schneiden. Mit Salz, Pfeffer und Zitronensaft würzen. In einer großen Pfanne 2 EL Öl nicht zu stark erhitzen. Lachs darin bei schwacher Hitze unter vorsichtigem Wenden 5 Min. braten. Nudeln und Gemüse abgießen, tropfnass in die Pfanne geben und vorsichtig untermengen. Pesto mit 1–2 EL Kochwasser cremig rühren, zwei Drittel davon unter die Spaghetti mischen. Auf vorgewärmten Tellern anrichten. Übriges Pesto darauf verteilen, mit Basilikum garnieren.

Nudel-Frittata
mit Mangold

FÜR 4 PERSONEN
ZUBEREITUNG: CA. 35 MIN. | 20 MIN. BACKEN

pro PORTION ca. 770 kcal

42 g EIWEISS 43 g FETT 54 g KOHLENHYDRATE

Salz | 250 g Gabelspaghetti oder Hörnchennudeln | 1 Zwiebel
300 g Mangold | 150 g Kirschtomaten | 8 Eier | 300 ml Milch | Pfeffer
frisch geriebene Muskatnuss | 2 EL Olivenöl | 150 g rohe Schinken-
würfel (Kühlregal) | 60 g geriebener Parmesan

1 In einem Topf 3 l kräftig gesalzenes Wasser aufkochen. Nudeln darin nach Packungsanweisung in 8–10 Min. bissfest garen.

2 Inzwischen die Zwiebel schälen und würfeln. Mangold putzen, waschen, die Blätter in Streifen schneiden, dann grob hacken. Stiele in kleine Würfel schneiden. Tomaten waschen und halbieren. Eier mit der Milch, Salz, Pfeffer und Muskat verquirlen. Nudeln abgießen und abtropfen lassen.

3 Den Backofen auf 200° (Umluft nicht empfehlenswert) vorheizen. In einer großen Pfanne das Öl erhitzen. Zwiebel glasig dünsten. Mangoldstiele dazugeben und 3 Min. andünsten. Nudeln und Mangoldblätter hinzufügen, 2 Min. mitbraten. Schinken untermischen. Die Eiermilch zugießen und die Tomaten auf der Oberfläche verteilen. Frittata in der Pfanne im Ofen (2. Schiene von unten) 20 Min. backen. Nach der Hälfte der Backzeit den Parmesan darüberstreuen und Frittata fertig backen. Zum Servieren den Nudel-Eier-Kuchen in Tortenstücke schneiden.

Gut zu wissen

Wenn Ihr Pfannengriff nicht hitzebeständig ist, sollten Sie ihn mit Alufolie umwickeln, bevor Sie die Pfanne in den Ofen schieben.

Mediterrane Gemüsenudeln

ganz einfach

FÜR 4 PERSONEN
BLITZREZEPT: NUR CA. 20 MIN.

pro PORTION ca. 625 kcal
23 g EIWEISS   19 g FETT   81 g KOHLENHYDRATE

Salz | 400 g Fusilli (Spiralnudeln) | 1 Dose Thunfisch in Öl (Abtropfgewicht 140 g) | 2 rote Zwiebeln
2 Knoblauchzehen | 2 Stangen Lauch (à ca. 250 g)
300 g Tomaten | 4 EL Olivenöl | Pfeffer | ¼ l trockener Weißwein (ersatzweise Gemüsefond oder -brühe)
1 EL kleine Kapern

1   Reichlich Salzwasser zum Kochen aufsetzen. Die Nudeln darin nach Packungsangabe bissfest garen.

2   Inzwischen den Thunfisch abtropfen lassen. Zwiebeln schälen, halbieren und in Streifen schneiden, Knoblauch schälen und in feine Stifte schneiden. Lauch gründlich waschen, putzen und schräg in knapp 1 cm dünne Scheiben schneiden. Tomaten waschen, vierteln, von Stielansatz und Kernen befreien und grob würfeln.

3   In einer großen Pfanne das Öl erhitzen, Lauch darin 2 Min. anbraten. Zwiebeln, Knoblauch und Tomaten dazugeben und 1 Min. mitbraten. Alles kräftig mit Salz und Pfeffer würzen. Mit dem Wein ablöschen, Thunfisch und Kapern dazugeben und 5 Min. kochen lassen, bis der Fisch warm ist. Nudeln abgießen und mit der Gemüsesauce vermengen.

Zucchini-Speck-Spaghetti

preiswert

**Salz | 400 g Spaghetti | 2 rote Zwiebeln | 1 Knob-
lauchzehe | 4 getrocknete Tomaten (in Öl) | 6 Zweige
Thymian | ½ Bund Petersilie | 400 g Zucchini
150 g durchwachsener milder Räucherspeck
3 EL Olivenöl | ⅛ l Gemüsebrühe | Pfeffer**

FÜR 4 PERSONEN
ZUBEREITUNG: CA. 30 MIN.

pro PORTION ca. 700 kcal

18 g EIWEISS 34 g FETT 81 g KOHLENHYDRATE

1 In einem Topf reichlich Salzwasser aufkochen. Die Spaghetti hineingeben und nach Packungsangabe in 8–10 Min.
bissfest garen.

2 Inzwischen Zwiebeln und Knoblauch schälen und fein
hacken. Tomaten fein würfeln. Thymian und Petersilie abbrausen, trocken schütteln, Blätter abzupfen und hacken.
Zucchini waschen, putzen und in sehr kleine Würfel schneiden. Speck ebenfalls klein würfeln.

3 Das Öl in einer großen Pfanne erhitzen. Den Speck darin
bei mittlerer Hitze knusprig auslassen. Zwiebeln und Knoblauch dazugeben und glasig dünsten. Getrocknete Tomaten
und Zucchini zum Speck geben, 1 Min. mitbraten. Brühe angießen und unter Rühren weitere 2–3 Min. kochen. Das
Ganze mit wenig Salz und mit Pfeffer würzen und die Kräuter
untermischen.

4 Die Nudeln abgießen, mit 3–4 EL Nudelwasser unter die
Sauce mischen. Sofort servieren.

Penne mit Fenchel-Bolognese

FÜR 4 PERSONEN
ZUBEREITUNG: CA. 45 MIN.

pro PORTION ca. 665 kcal
32 g EIWEISS 22 g FETT 85 g KOHLENHYDRATE

Salz | 400 g Penne | 1 Fenchel (ca. 300 g) | 1 Möhre
1 Zwiebel | 2 Knoblauchzehen | 2 EL Olivenöl
300 g gemischtes Hackfleisch | 1 große Dose
geschälte Tomaten (800 g Inhalt) | 2 EL Tomatenmark
⅛ l Fleischbrühe | Pfeffer

1 Reichlich Salzwasser zum Kochen bringen. Penne darin nach Packungsanweisung in 10 Min. bissfest garen.

2 Inzwischen den Fenchel vierteln, Strunk entfernen, Fenchelgrün abschneiden und beiseitelegen. Viertel quer in ½ cm dünne Streifen schneiden. Möhre schälen und in kleine Würfel schneiden. Zwiebel und Knoblauch schälen und fein würfeln.

3 Das Öl in einer großen Pfanne erhitzen. Hackfleisch darin unter Rühren braun und krümelig anbraten. Zwiebel und Knoblauch hinzufügen und kurz andünsten. Fenchel und Möhren 3 Min. mitdünsten. Die Tomaten mit Saft und das Tomatenmark dazugeben. Brühe, Salz und Pfeffer einrühren. Alles bei schwacher Hitze offen 15 Min. sanft kochen lassen.

4 Die Nudeln abgießen, kurz abtropfen lassen. Sauce mit Salz und Pfeffer abschmecken und mit den Penne servieren. Fenchelgrün grob hacken und darüberstreuen.

Blumenkohl-Nudel-Auflauf

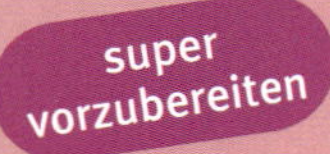

FÜR 4 PERSONEN
ZUBEREITUNG: CA. 35 MIN. | 20 MIN. BACKEN
pro PORTION ca. 645 kcal
24 g EIWEISS 34 g FETT 60 g KOHLENHYDRATE

Salz | 250 g Fusilli (Spiralnudeln) | ½ Blumenkohl (ca. 600 g) | 200 g Wiener Würstchen | ½ Bund Petersilie | Pfeffer | 3 Eier | 150 ml Gemüsesaft (aus dem Glas oder Tetrapack) | 150 g Sahne | 1 TL edelsüßes Paprikapulver | 100 g Pizzakäse (Kühlregal)

1 In einem großen Topf reichlich Salzwasser zum Kochen bringen. Nudeln darin in ca. 10 Min. bissfest garen. Inzwischen den Blumenkohl waschen, putzen, vom Strunk befreien und in Röschen schneiden. Nach 5 Min. Garzeit den Blumenkohl zu den Nudeln geben, weitere 5 Min. mitgaren, dann alles abgießen und gut abtropfen lassen.

2 Den Backofen auf 200° (Umluft 180°) vorheizen. Würstchen in Scheiben schneiden. Petersilie abbrausen, trocken schütteln, Blätter abzupfen und hacken. Die Nudel-Blumenkohl-Mischung mit Würstchen und Petersilie vermischen, mit Salz und Pfeffer würzen.

3 Eier mit Gemüsesaft und Sahne verquirlen, mit Salz, Pfeffer und Paprikapulver würzen. Die Gemüsemischung in eine flache Auflaufform geben, Eiermilch gleichmäßig darübergießen. Mit dem Käse bestreuen. Im heißen Ofen (Mitte) 15–20 Min. backen.

Champignon-Käse-Spätzle

Schwäbisches mit Kräuterkick

Speed-Tipp

Wer es eilig hat, nimmt 750 g fertige Spätzle aus dem Kühlregal.

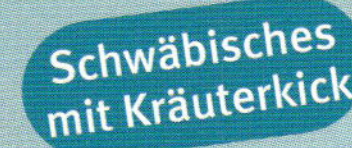

400 g Mehl | 4 Eier | Salz | je 150 g Egerlinge und Champignons | 2 Knoblauchzehen | 1 Bund Petersilie nach Belieben | 4 EL Öl | 1 TL getrockneter Thymian 200 g geriebener Emmentaler | Pfeffer

FÜR 4 PERSONEN
ZUBEREITUNG: CA. 40 MIN. | 12 MIN. BACKEN
pro PORTION ca. 720 kcal
34 g EIWEISS 32 g FETT 73 g KOHLENHYDRATE

1 Mehl, Eier und 200 ml Wasser mit 1/4 TL Salz mit einem Kochlöffel so lange schlagen, bis der Teig Blasen wirft. Dann 10 Min. ruhen lassen.

2 Inzwischen reichlich Salzwasser zum Kochen aufsetzen. Pilze abreiben, putzen und in dünne Scheiben schneiden. Knoblauchzehen schälen und ebenfalls in Scheibchen schneiden. Nach Belieben Petersilie waschen, trocken schütteln, Blätter abzupfen und hacken.

3 Den Teig portionsweise durch eine Spätzlepresse in das kochende Wasser drücken, Spätzle jeweils nur kurz aufkochen lassen, mit einer Schaumkelle herausheben.

4 Den Backofen auf 150° (Umluft 130°) vorheizen. Das Öl in einer großen Pfanne erhitzen, Pilze darin scharf anbraten. Nach 1 Min. Knoblauch und Thymian dazugeben und kurz mitdünsten. Vom Herd nehmen. Pilze in einer ofenfesten Form mit den Spätzle, Käse und nach Belieben mit Petersilie mischen, salzen und pfeffern. Im Ofen (Mitte) 12 Min. backen.

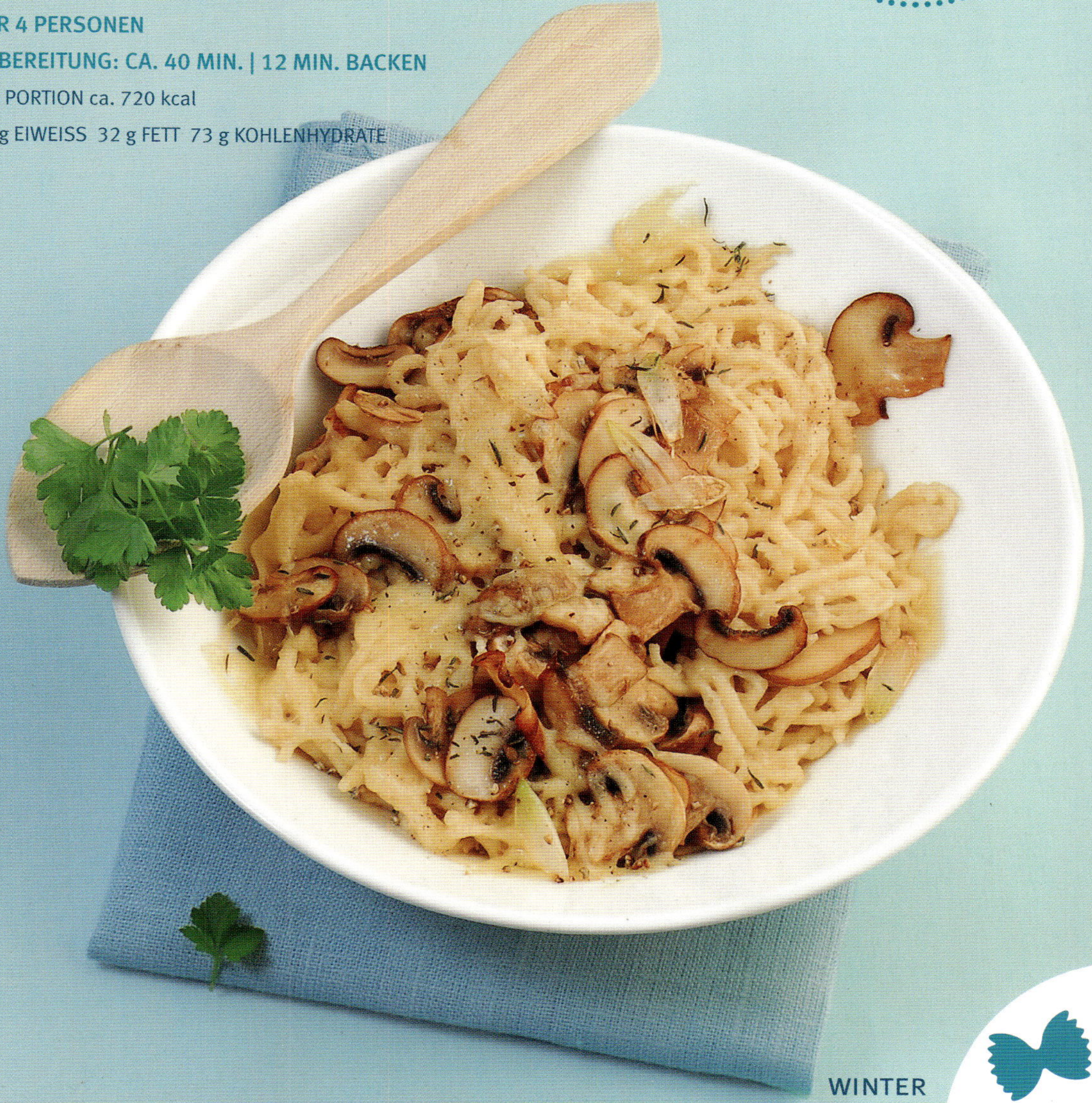

fix vorbereitet

Gemüse-Schinken-Lasagne

FÜR 4 PERSONEN
ZUBEREITUNG: CA. 30 MIN. | 25 MIN. BACKEN

pro PORTION ca. 955 kcal
48 g EIWEISS 56 g FETT 67 g KOHLENHYDRATE

400 g TK-Buttergemüse | 250 g Ricotta | 200 g Frischkäse | 100 g geriebener Parmesan | Salz | Pfeffer frisch geriebene Muskatnuss | 500 ml Béchamelsauce (Fertigprodukt) | 16 Lasagneblätter (ohne Vorkochen; ca. 280 g) | 250 g gekochter Schinken in dünnen Scheiben | 1 EL Butter

1 Das Gemüse unaufgetaut mit 75 ml Wasser in einen Topf geben, aufkochen und nach Packungsangabe zugedeckt 6 Min. bei mittlerer Hitze garen, dabei gelegentlich umrühren.

2 Den Backofen auf 200° vorheizen. Gemüse vom Herd nehmen. Ricotta, Frischkäse und 50 g Parmesan untermischen. Mit Salz, Pfeffer und Muskat würzen.

3 In eine große Auflaufform 125 ml Béchamelsauce gießen. 4 Lasagneblätter nebeneinander darauflegen, mit ⅓ der Gemüsemischung bedecken. ⅓ des Schinkens darauflegen. Die Schichtung noch zweimal wiederholen. Mit Lasagneblättern abschließen. Restliche Béchamelsauce obendrauf verstreichen. Mit dem übrigen Parmesan bestreuen und mit der Butter in Flöckchen belegen. Im Ofen (2. Schiene von unten, Umluft 180°) in 25 Min. goldbraun backen.

Asia-Nudeln

süßsauer

250 g gegartes Grillhähnchenfleisch (oder Hähnchen-aufschnitt) | 1 große Zwiebel | 1 grüne Paprikaschote 2 Möhren | 1 kleine Dose Ananasringe (140 g Abtropf-gewicht) | 2 EL Öl | 1 Dose Pizzatomaten (400 g Inhalt) 2 EL Reis- oder Obstessig | 3–4 EL Sojasauce | 1 EL brau-ner Zucker | Salz | 250 g Mie-Nudeln | Pfeffer

FÜR 4 PERSONEN
ZUBEREITUNG: CA. 40 MIN.

pro PORTION ca. 410 kcal
24 g EIWEISS 7 g FETT 63 g KOHLENHYDRATE

Tuning-Tipp

Vor dem Servieren 100 g frische Mungobohnenspros-sen und 2 EL geröstete, ge-salzene und grob gehackte Erdnüsse aufstreuen.

1 Das Hähnchenfleisch in grobe Stücke zupfen. Zwiebel schälen und klein würfeln. Paprikaschote waschen, putzen, vierteln und in Streifen schneiden. Möhren schälen und schräg in dünne Scheiben schneiden. Ananas abtropfen lassen, dabei den Saft auffangen und mit Wasser auf ⅛ l auffüllen. Ananasringe in Stückchen schneiden.

2 In einem breiten Topf das Öl erhitzen. Zwiebel darin glasig düns-ten. Möhren und Paprika dazugeben und bei mittlerer Hitze 3 Min. dünsten. Pizzatomaten und Ananassaft einrühren, mit Essig, Soja-sauce und Zucker würzen. Alles bei schwacher Hitze offen 10 Min. unter gelegentlichem Rühren kochen.

3 Inzwischen reichlich Wasser mit Salz zum Kochen aufsetzen. Nudeln hineingeben und nach Packungsanweisung ca. 4 Min. garen.

4 Die Sauce mit Salz und Pfeffer abschmecken. Ananas und Häh-nchenfleisch unterheben, nur kurz erwärmen. Nudeln abgießen und abtropfen lassen. Mit der süßsauren Sauce anrichten.

Grünes Spargel-Hühnerfrikassee

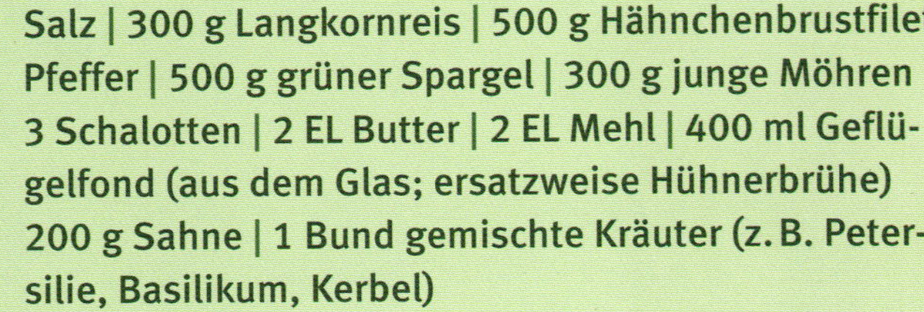

FÜR 4 PERSONEN
ZUBEREITUNG: CA. 45 MIN.
pro PORTION ca. 835 kcal
48 g EIWEISS 30 g FETT 93 g KOHLENHYDRATE

Salz | 300 g Langkornreis | 500 g Hähnchenbrustfilet
Pfeffer | 500 g grüner Spargel | 300 g junge Möhren
3 Schalotten | 2 EL Butter | 2 EL Mehl | 400 ml Geflü-
gelfond (aus dem Glas; ersatzweise Hühnerbrühe)
200 g Sahne | 1 Bund gemischte Kräuter (z. B. Peter-
silie, Basilikum, Kerbel)

1 Reichlich Wasser mit Salz aufkochen. Den Reis
darin bei mittlerer Hitze 20 Min. garen.

2 Inzwischen das Hähnchenfilet waschen, trocken
tupfen und in 2 cm große Würfel schneiden. Salzen
und pfeffern. Spargel waschen, nur im unteren Drittel schälen und schräg in 4 cm lange Stücke schneiden. Möhren putzen, waschen, abbürsten und
schräg in Stücke teilen, dickere Teilstücke noch halbieren. Schalotten schälen und fein würfeln.

3 Die Butter erhitzen. Schalotten und Hähnchenfleisch darin hellbraun anbraten. Spargel und Möhren dazugeben und 2 Min. mitdünsten. Mehl darüberstäuben und kurz anschwitzen. Fond oder Brühe
und Sahne dazugeben, aufkochen und zugedeckt
bei schwacher Hitze 15 Min. sanft kochen lassen.

4 Die Kräuter waschen, trocknen, Blättchen abzupfen und grob hacken. Frikassee abschmecken. Vom
Herd nehmen, Kräuter unterheben, kurz ziehen lassen. Reis abgießen und dazu servieren.

Entenbrust mit Rhabarbersauce

2 Entenbrustfilets (à ca. 300 g) | Salz | Pfeffer | 250 g Reis-Wildreis-Mischung | 500 g roter Rhabarber 1 Bund Frühlingszwiebeln | 2 Schalotten | 1 Stück Ingwer (ca. 2 cm) | ¼ l Hühnerbrühe | 4 EL Honig 1 EL heller Saucenbinder | 50 g geschälte Mandeln

FÜR 4 PERSONEN
ZUBEREITUNG: CA. 40 MIN.

pro PORTION ca. 815 kcal

41 g EIWEISS 39 g FETT

74 g KOHLENHYDRATE

1 Die Entenfilets waschen, trocken tupfen, die Haut rautenförmig einschneiden. Fleisch beidseitig mit Salz und Pfeffer einreiben. Eine trockene Pfanne stark erhitzen. Entenfilets mit der Fettseite nach unten hineinlegen und bei starker Hitze von beiden Seiten jeweils 2 Min. anbraten, dann bei mittlerer Hitze von jeder Seite 8 Min. weiterbraten.

2 Inzwischen den Reis in ½ l Salzwasser aufkochen und bei schwacher Hitze ca. 20 Min. sanft kochen lassen.

3 Den Rhabarber waschen, putzen und in 2 cm lange Stücke schneiden. Frühlingszwiebeln waschen, putzen, das Weiße und Hellgrüne in breite Ringe schneiden. Schalotten schälen und in Spalten schneiden. Ingwer schälen und fein würfeln.

4 Das Fleisch aus der Pfanne nehmen und warm halten. Bratfett bis auf 2 EL abgießen. Schalotten, Ingwer und Rhabarber darin 2 Min. andünsten. Brühe angießen, Honig einrühren. Aufkochen, 3 Min. garen, bis der Rhabarber zerfallen ist. Salzen und pfeffern. Mit dem Saucenbinder andicken. Frühlingszwiebeln und Mandeln in der Sauce kurz heiß werden lassen. Entenbrüste schräg in Scheiben schneiden. Mit Sauce und Reis servieren.

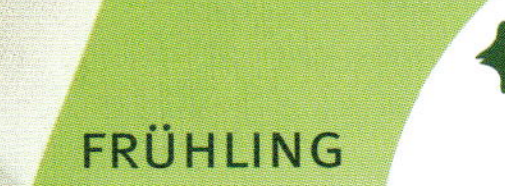

Scharfe Pute aus dem Wok

leicht und lecker

600 g Putenschnitzel | Salz | Pfeffer | 1 Bund Frühlingszwiebeln | 1 rote Paprikaschote | 400 g Chinakohl | 1 Stück Ingwer (ca. 2 cm) | 250 g Mie-Nudeln 4 EL Cashewkerne | 4 EL Öl | 4 EL Sojasauce | 4 EL süß-scharfe Chilisauce

FÜR 4 PERSONEN
ZUBEREITUNG: CA. 40 MIN.

pro PORTION ca. 555 kcal

47 g EIWEISS 17 g FETT 53 g KOHLENHYDRATE

1 Das Putenfleisch waschen, trocken tupfen und längs halbieren, dann quer in feine Streifen schneiden. Salzen und pfeffern. Frühlingszwiebeln putzen, waschen, längs halbieren und in Stücke schneiden. Paprikaschote waschen, halbieren und in feine Streifen schneiden. Chinakohl putzen, vom Strunk befreien und in Quadrate schneiden. Ingwer schälen und fein würfeln.

2 In einem Topf reichlich leicht gesalzenes Wasser aufkochen. Nudeln hineingeben und nach Packungsangabe garen. Gleichzeitig den Wok stark erhitzen. Cashewkerne darin unter Rühren goldbraun anrösten, herausnehmen.

3 Anschließend 2 EL Öl im Wok erhitzen. Putenfleisch darin portionsweise 1–2 Min. anbraten, herausnehmen. Übriges Öl erhitzen, Ingwer, Frühlingszwiebeln, Paprika und Chinakohl nach und nach hinzufügen und 3–4 Min. unter Rühren braten. Fleisch dazugeben, mit Sojasauce, Chilisauce und 6 EL Wasser gemischt, 2 Min. garen. Cashewkerne aufstreuen. Nudeln abgießen, kurz abtropfen lassen und dazu servieren.

Gut zu wissen

Eine Stiel-Wokpfanne ist praktisch: Dank ihrer hohen Wände und des Stielgriffs ist ein wirbeliges Pfannenrühren möglich, ohne dass etwas über den Rand springt. Wenn Sie meistens für vier kochen, brauchen Sie eine große Wokpfanne mit etwa 30 cm Durchmesser.

Chili-Hähnchen
mit Avocadosalsa

je 6 Hähnchen-Ober- und Unterschenkel (ca. 750 g) | 1 EL edelsüßes Papri-kapulver | 2 TL Chilipulver | Salz | 3 EL Olivenöl | 2 reife Avocados | 4 EL Li-mettensaft | 1 rote Zwiebel | 2 große Tomaten | 1 Dose Mais (140 g Abtropf-gewicht) | Pfeffer | 100 g Tortilla-Chips

FÜR 4 PERSONEN
ZUBEREITUNG: CA. 40 MIN.
pro PORTION ca. 900 kcal
42 g EIWEISS 63 g FETT 42 g KOHLENHYDRATE

1 Den Backofen auf 200° (Umluft nicht geeignet) vorheizen. Hähnchen-teile waschen und trocken tupfen. Paprika- und Chilipulver mit 1 TL Salz und 1 EL Öl verrühren, die Keulen damit einstreichen. Auf ein tiefes Backblech legen, 1/4 l Wasser angießen und die Keulen im Ofen (2. Schie-ne von unten) 15 Min. braten, wenden und 15 Min. weiterbraten.

2 Inzwischen die Avocados halbieren, Steine entfernen und das Frucht-fleisch aus der Schale heben. In kleine Würfel schneiden, mit dem Limet-tensaft und übrigem Olivenöl vermischen. Zwiebel schälen und fein ha-cken. Tomaten waschen, halbieren, von Stielansatz und Kernen befreien und klein würfeln. Mais abgießen und gut abtropfen lassen. Alle Zutaten vorsichtig vermischen, mit Salz und Pfeffer würzen. Die Avocadosalsa mit den Hähnchenteilen anrichten, die Tortilla-Chips dazu reichen.

Tuning-Tipp

3 fein gehackte Jalapeño-Chilis (aus dem Glas) und 1/2 Bund grob gehacktes Koriandergrün geben der Salsa noch mehr Mexiko-Aroma.

Kokos-Putenschnitzel
mit Curryhirse

FÜR 4 PERSONEN
ZUBEREITUNG: CA. 35 MIN.
pro PORTION ca. 720 kcal
43 g EIWEISS 32 g FETT 67 g KOHLENHYDRATE

1 große rote Zwiebel | 2 Knoblauchzehen | 250 g Zuckerschoten
300 g Hirse | 4 EL Butterschmalz | 1 ½ EL scharfes Currypulver
¾ l Gemüsebrühe | 4 Putenschnitzel (à ca. 125 g) | Salz | Pfeffer
1 Eiweiß | 100 g Kokosrapsel

1 Die Zwiebel schälen und würfeln. Knoblauch schälen und fein hacken. Zuckerschoten waschen, putzen und schräg in 2 cm breite Stücke schneiden. Hirse in einem Sieb kalt abbrausen und abtropfen lassen.

2 In einem breiten Topf 2 EL Butterschmalz erhitzen. Zwiebel, Knoblauch und Zuckerschoten 2–3 Min. andünsten. Hirse unterrühren und 2 Min. mitdünsten. Curry darüberstäuben und alles 1 Min. unter Rühren weiter braten. Mit der Brühe aufgießen, aufkochen und zugedeckt bei schwacher Hitze 20 Min. quellen lassen.

3 Inzwischen die Putenschnitzel kalt abspülen, trocken tupfen und mit Salz und Pfeffer würzen. Eiweiß verquirlen. Fleisch zuerst im Eiweiß, dann in den Kokosraspeln wenden und diese gut andrücken.

4 Das übrige Butterschmalz in einer großen Pfanne erhitzen, die Kokosschnitzel darin bei mittlerer Hitze von jeder Seite 4–5 Min. goldbraun braten. Auf Küchenpapier kurz abtropfen lassen. Das Fleisch mit der Curryhirse servieren.

Hühnchen im Pergamentpäckchen

mediterran aromatisch

Tausch-Tipp
Auch mit Alufolie klappt's – Duft und Aroma bleiben beim Garen in der Hülle gefangen.

4 große Strauchtomaten | 1 Aubergine (ca. 300 g) 2 kleine weiße Zwiebeln | 4 Hähnchenbrustfilets (à ca. 200 g) | Salz | Pfeffer | 8 EL Olivenöl | 2 Zweige Rosmarin | 4 Scheiben Bio-Zitrone | 12 Basilikumblätter | Backpapier | Küchengarn

FÜR 4 PERSONEN
ZUBEREITUNG: CA. 30 MIN. | 25 MIN. BACKEN
pro PORTION ca. 400 kcal
47 g EIWEISS 22 g FETT 4 g KOHLENHYDRATE

1 Die Tomaten überbrühen, abschrecken, häuten, in Scheiben schneiden. Stielansatz entfernen. Aubergine waschen, putzen, je nach Größe längs halbieren und in 1 cm dünne Scheiben schneiden. Zwiebeln schälen und in Scheiben schneiden. Hähnchenfilets waschen, trocknen, beidseitig kräftig mit Salz und Pfeffer würzen.

2 Den Backofen auf 200° vorheizen. Vier Bogen Backpapier (30 x 40 cm) mit je 1 EL Olivenöl bestreichen. Jeweils Auberginen-, Tomaten- und Zwiebelscheiben darauf übereinanderschichten. Je 1 Hähnchenfilet obendrauf legen. Rosmarin abbrausen, Nadeln abzupfen, hacken und mit 4 EL Olivenöl mischen. Salzen und pfeffern, über das Fleisch träufeln. Zitronenscheiben daraufsetzen. Backpapier über der Füllung zusammenschlagen und an den Rändern mit Küchengarn verschließen.

3 Die Päckchen im heißen Ofen (Mitte, Umluft 180°) 20–25 Min. garen. Erst bei Tisch öffnen und mit den Basilikumblättern bestreuen. Ciabatta dazu reichen.

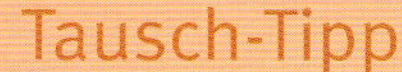

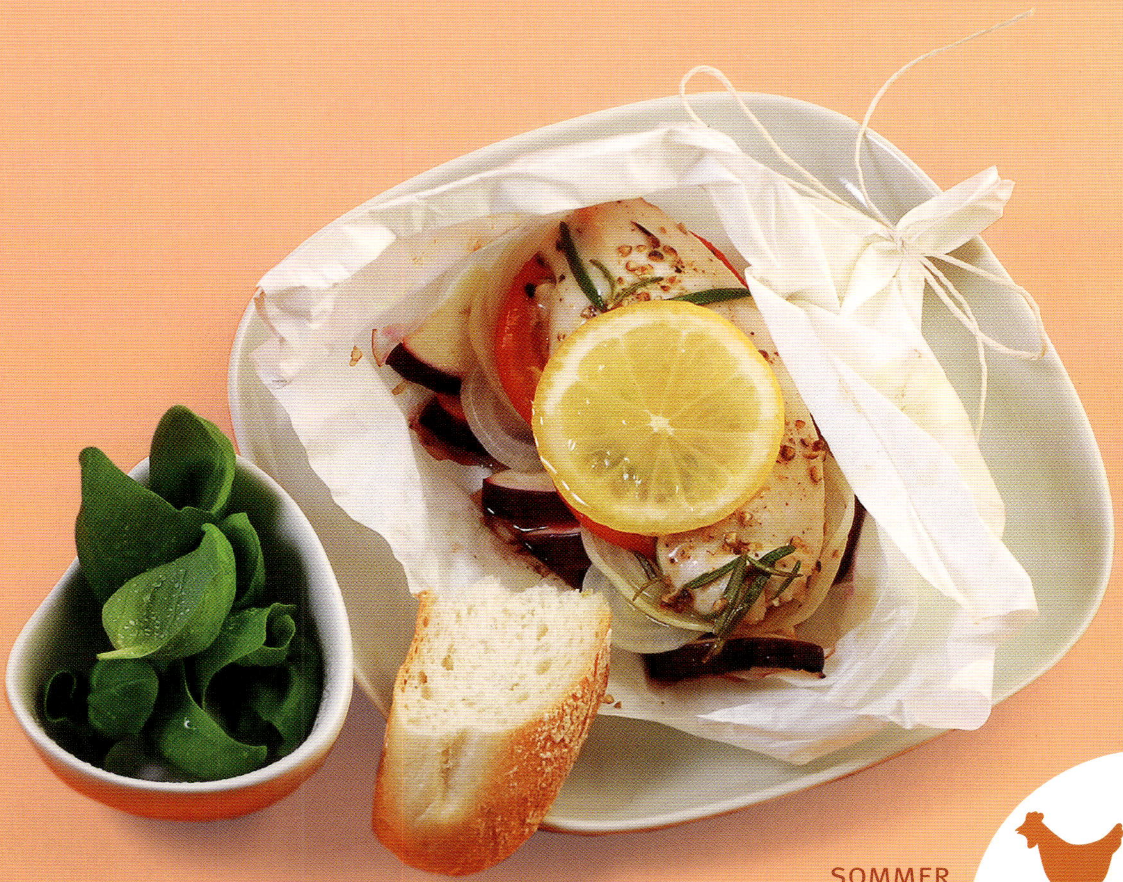

Hähnchenfilet

auf Linsen-Möhren-Gemüse

FÜR 4 PERSONEN
ZUBEREITUNG: CA. 45 MIN.

pro PORTION ca. 555 kcal
54 g EIWEISS 16 g FETT 49 g KOHLENHYDRATE

1 Knoblauch-Baguette (175 g; Kühlregal) | 4 Hähnchen-brustfilets (à 150–180 g) | Salz | Pfeffer | 4 EL Olivenöl 500 g Möhren | 1 Bund Frühlingszwiebeln | 1 rote Chili-schote | 1 Orange | 125 g rote Linsen | ¼ l Gemüsefond oder -brühe | 3–4 EL Aceto balsamico

1 Den Backofen auf 180° (Umluft 160°) vorheizen. Baguette nach Packungsangabe in 8–10 Min. (Mitte) aufbacken.

2 Inzwischen die Hähnchenfilets waschen, trocken tupfen, beidseitig salzen und pfeffern. In einer Pfanne 2 EL Öl erhitzen, Filets darin bei mittlerer Hitze beidseitig 8 Min. braten.

3 Inzwischen die Möhren schälen und schräg in dünne Scheiben schneiden. Frühlingszwiebeln putzen, waschen und in 5 cm lange Streifen schneiden. Chilischote längs halbieren, entkernen und fein hacken. Hähnchenfilets aus der Pfanne nehmen und in Alufolie wickeln.

4 Das übrige Öl in der Pfanne erhitzen, Möhren und Frühlings-zwiebeln darin 2 Min. andünsten. Orange auspressen. Linsen und Chili hinzufügen, mit dem Orangensaft und Fond oder Brühe ablöschen. Mit Essig würzen. Zugedeckt bei schwacher Hitze 5–6 Min. dünsten. Gemüse mit Salz und Pfeffer abschmecken. Hähnchenfilets schräg in Scheiben schneiden, auf dem Gemüse anrichten. Knoblauch-Baguette dazu reichen.

Salbei-Gnocchi mit Huhn

mit Schärfekick

600 g Hähnchenbrustfilet | Salz
Pfeffer | 4 Zweige Salbei | 2 Knoblauch-
zehen | 2 rote Peperoni | 300 g Kirsch-
tomaten | 2 EL Olivenöl | 80 g Butter
800 g Kartoffel-Gnocchi (Kühlregal)
50 g gehobelter Parmesan

FÜR 4 PERSONEN
BLITZREZEPT: NUR CA. 20 MIN.
pro PORTION ca. 550 kcal
45 g EIWEISS 29 g FETT
29 g KOHLENHYDRATE

1 Das Hähnchenfilet waschen, trocken
tupfen und in mundgerechte Stücke
schneiden. Salzen und pfeffern. Salbei
abbrausen, Blätter abzupfen. Knoblauch
schälen und fein hacken. Peperoni waschen, putzen und in Ringe schneiden.
Kirschtomaten waschen und halbieren.

2 Das Öl in einer großen Pfanne erhitzen.
Fleisch darin portionsweise jeweils in 4–5
Min. rundherum braten, herausnehmen.

3 Butter in der Pfanne aufschäumen lassen. Gnocchi, Salbei, Peperoni und Knoblauch hineingeben und in 2–3 Min. etwas
erwärmen. Fleisch und Tomaten hinzufügen und ganz kurz erwärmen. Das Gericht
auf vier Teller verteilen und mit Parmesan
bestreut servieren.

Tuning-Tipp

Wenn Sie mehr Zeit haben –
die Gnocchi aus 500 g Kartof-
felkloßteig (Kühlregal) mit
2 Eigelben, 120 g Mehl,
Salz und Pfeffer
zubereiten.

Putengyros-Pfanne

FÜR 4 PERSONEN
ZUBEREITUNG: CA. 35 MIN.

pro PORTION ca. 380 kcal
29 g EIWEISS 24 g FETT 11 g KOHLENHYDRATE

400 g Putenschnitzel | 2 Knoblauchzehen | 6 EL Olivenöl
je 1 TL getrockneter Thymian und Oregano | 2 TL rosen-
scharfes Paprikapulver | Salz | Pfeffer | 500 g zarter Weiß-
kohl oder Jaromakohl | 1 rote oder gelbe Paprikaschote
300 g Sahnejoghurt | ½ Bund Petersilie

1 Das Putenschnitzel waschen, trocken tupfen und in feine Streifen schneiden. Knoblauch schälen und sehr fein würfeln. In einer Schüssel den Knoblauch mit dem Öl, Thymian, Oregano, Paprikapulver, Salz und Pfeffer vermischen. Fleisch darin wenden und ziehen lassen, bis das Gemüse vorbereitet ist.

2 Inzwischen den Kohl waschen, putzen und in feine Streifen schneiden. Paprikaschote waschen, putzen und ebenfalls in dünne Streifen schneiden. Joghurt mit Salz und Pfeffer verrühren. Petersilie waschen, trocken tupfen, fein hacken und untermischen.

3 Eine große schwere Pfanne stark erhitzen, das Fleisch darin mit der Marinade rundherum in 2–3 Min. scharf anbraten. Kohl- und Paprika-streifen dazugeben und 5 Min. unter Wenden mitbraten. Mit Salz und Pfeffer abschmecken. Joghurtsauce und Fladenbrot dazu reichen.

Tausch-Tipp

Statt Fladenbrot Pita-Brot-taschen (Spezialitätenregal) zum Gyros servieren: Brot toasten, Taschen öffnen, Gyros und Joghurt hineinfüllen.

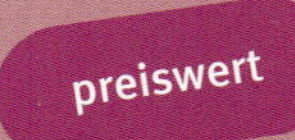

Puten-Piccata

mit Tomatensauce

**1 große Zwiebel | 2 Knoblauchzehen | 5 EL Olivenöl
2 Dosen Pizzatomaten mit Oregano (à 400 g) | 4 Puten-
schnitzel (à ca. 130 g) | Salz | Pfeffer | 75 g Mehl
2 Eier | 50 g frisch geriebener Parmesan | 4 EL Milch
500 g frische Tagliatelle (Kühlregal)**

1 Die Zwiebel und den Knoblauch schälen und fein
würfeln. In einem Topf 1 EL Öl erhitzen, Zwiebel
darin glasig dünsten. Knoblauch kurz mitdünsten.
Pizzatomaten dazugeben, offen aufkochen und bei
mittlerer Hitze 10 Min. kochen lassen.

2 Inzwischen die Schnitzel trocken tupfen, beidseitig salzen und pfeffern. Mehl in einem Teller bereitstellen. Eier mit Parmesan und Milch in einem zweiten tiefen Teller verrühren. Fleisch erst im Mehl wenden, dann durch die Käse-Ei-Masse ziehen.

3 Für die Nudeln 2 l Wasser mit 2 TL Salz zum Kochen bringen. Das übrige Öl in einer großen beschichteten Pfanne erhitzen. Schnitzel darin auf
jeder Seite 5 Min. braten. Wenn das Nudelwasser
kocht, die Nudeln darin ca. 2 Min. garen. Die Nudeln
abgießen und kurz abtropfen lassen. Mit der Tomatensauce und den Schnitzeln anrichten.

**FÜR 4 PERSONEN
ZUBEREITUNG: CA. 45 MIN.**

pro PORTION ca. 900 kcal

60 g EIWEISS 22 g FETT

15 g KOHLENHYDRATE

Speed-Tipp

Wer's sehr eilig hat, kauft
fertig panierte Schweine-
schnitzel aus Kühlregal oder
Tiefkühltruhe und brät sie
fix in der Pfanne.

Rosenkohl-Huhn
vom Blech

FÜR 4 PERSONEN
ZUBEREITUNG: CA. 35 MIN. | 1 STD. BRATEN
pro PORTION ca. 1080 kcal
62 g EIWEISS 67 g FETT 57 g KOHLENHYDRATE

Salz | 800 g Rosenkohl | 200 g Schalotten | 1 küchen-
fertige Poularde (ca. 1,4 kg) | Pfeffer | frisch geriebene
Muskatnuss | 1 Bund Thymian | 6 EL Öl | 150 ml Geflü-
gelfond (aus dem Glas; ersatzweise Hühnerbrühe)
400 g vorgegarte Maronen (vakuumverpackt aus dem
Kühlregal; ersatzweise aus der Dose)

1 Reichlich Salzwasser aufkochen. Den Rosenkohl
waschen und putzen. In das kochende Wasser
geben, aufkochen und 6–8 Min. garen, dann abgießen, abschrecken und gut abtropfen lassen.

2 Inzwischen den Backofen auf 200° (Umluft nicht
empfehlenswert) vorheizen. Schalotten schälen,
große längs halbieren. Poularde in 8–10 Portions-
stücke teilen, diese waschen, abtrocknen und mit
Salz und Pfeffer einreiben. Hähnchenteile, Rosenkohl und Schalotten in der Fettpfanne des Ofens
verteilen. Mit Salz, Pfeffer und Muskat würzen. Thymian abbrausen, Zweige zwischen Hähnchen und
Gemüse legen. Alles mit dem Öl beträufeln, Fond
oder Brühe angießen.

3 Im heißen Ofen (2. Schiene von unten) 50 Min.
braten, dann die Maronen dazulegen und alles noch
10 Min. bei 220° bräunen.

Entenspieße mit Orangen-Kokos-Sauce

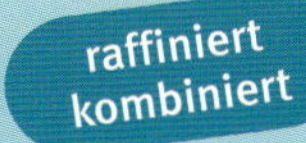

FÜR 4 PERSONEN
ZUBEREITUNG: CA. 40 MIN.

pro PORTION ca. 680 kcal

35 g EIWEISS 35 g FETT 56 g KOHLENHYDRATE

2 Entenbrustfilets (à ca. 325 g) | 1 TL 5-Gewürz-Pulver
Salz | 2 kleine gelbe Paprikaschoten | 1 weiße Zwiebel
250 g Reis-Wildreis-Mischung | 2 EL Öl | 1 Orange
200 g ungesüßte Kokosmilch (Dose) | 4 EL helle Sojasauce
½ Bio-Limette | Cayennepfeffer | Schaschlikspieße

1 Die Entenfilets häuten, waschen und trocken tupfen, dann längs halbieren und in 2 cm kleine Würfel schneiden. Rundherum mit 5-Gewürz-Pulver und Salz würzen. Paprikaschoten waschen, putzen und in 2 cm große Stücke schneiden. Zwiebel schälen, achteln und in einzelne Lagen teilen. Fleisch, Paprika und Zwiebelstücke abwechselnd auf Schaschlikspieße stecken.

2 Den Reis mit ½ l leicht gesalzenem Wasser aufkochen, 1–2 Min. kochen, zugedeckt bei schwacher Hitze 20 Min. ausquellen lassen. Inzwischen das Öl in einer großen Pfanne erhitzen, Spieße darin rundherum 10 Min. braten, mehrmals wenden. Herausnehmen und warm halten.

3 Die Orange auspressen. Kokosmilch und Orangensaft in die Pfanne gießen, mit Sojasauce würzen und bei mittlerer Hitze in 5 Min. sämig einkochen lassen. Limette waschen, Schale abreiben und Saft auspressen. Die Sauce mit 1–2 TL Limettensaft, etwas Limettenschale und Cayennepfeffer fruchtig-scharf abschmecken. Die Sauce mit den Entenspießen und dem Reis anrichten.

Tuning-Tipp

Von der abgezogenen Entenhaut etwa 100 g in kleine Würfel schneiden und abwechselnd mit dem Fleisch und Gemüse auf die Spieße ziehen – das bringt zusätzlich Aroma.

Überbackener Schinken-Spargel

1 Zwiebel | 2 EL Olivenöl | 1 Dose Pizzatomaten mit Oregano (400 g Inhalt) | 200 g Sahne | Salz | Pfeffer | 32 dünne Stangen grüner Spargel (ca. 800 g) 4 große Scheiben gekochter Schinken (ca. 250 g) 500 g frische Spaghetti (Kühlregal) | 250 g Mozzarella | einige Basilikumblätter

FÜR 4 PERSONEN
ZUBEREITUNG: CA. 35 MIN. | 30 MIN. BACKEN
pro PORTION ca. 920 kcal
46 g EIWEISS 36 g FETT 103 g KOHLENHYDRATE

1 Die Zwiebel schälen und fein würfeln. 1 EL Öl erhitzen, Zwiebel darin glasig dünsten. Tomaten dazugeben und aufkochen lassen. Sahne einrühren und bei schwacher Hitze 5 Min. sanft kochen lassen. Mit Salz und Pfeffer abschmecken.

2 Inzwischen den Backofen auf 180° vorheizen. Spargel waschen, nur im unteren Drittel schälen und die Enden abschneiden. Schinken längs halbieren und je 4 Spargelstangen mit einer Schinkenscheibe umwickeln.

3 Die Hälfte der Tomatensauce in eine große Gratinform füllen, Spargelpäckchen hineinlegen und mit der übrigen Tomatensauce bedecken. Im Ofen (2. Schiene von unten, Umluft 160°) 30 Min. backen.

4 Inzwischen reichlich Salzwasser aufkochen, Nudeln darin nach Packungsangabe ca. 2 Min. garen. Mozzarella in kleine Würfel schneiden und 10 Min. vor Ende der Garzeit auf das Gratin streuen, fertig backen. Nudeln abgießen, abtropfen lassen und zum Gratin servieren. Nach Belieben mit Basilikum garnieren.

Käse-Schnitzel-Sandwich für Brotfans

**4 Schweineschnitzel (à ca. 100 g) | Salz | Pfeffer
4 EL Semmelbrösel | 50 g fein geriebener, alter
Gouda oder Parmesan | 1 Ei | 2 EL Mehl | 2 EL Butterschmalz | 4 Kopfsalatblätter | 1 Minigurke (ca.
120 g) | 4 große Brötchen (z. B. Baguettebrötchen)
4 EL Mango-Chutney**

1 Die Schnitzel trocken tupfen, mit Salz und
Pfeffer würzen. Semmelbrösel und Käse auf
einem Teller mischen. Ei verquirlen. Mehl und Ei
auf zwei weiteren Tellern getrennt bereitstellen.
Schnitzel erst im Mehl wenden, dann durch das
Ei ziehen und mehrmals in den Käsebröseln
wenden. Panade gut andrücken.

2 In einer Pfanne das Butterschmalz erhitzen
und die Schnitzel darin von jeder Seite 4–5 Min.
braten.

3 Inzwischen die Salatblätter waschen, trocken
schleudern und grob zerzupfen. Gurke gut waschen, ungeschält in dünne Scheiben schneiden.
Brötchen aufschneiden und die unteren Hälften
mit dem Mango-Chutney bestreichen. Darauf zuerst die Salatblätter und Gurkenscheiben anrichten. Zuletzt mit den Schnitzeln belegen und mit
den oberen Brötchenhälften bedecken.

Kalbsgeschnetzeltes in Currysauce

mit Limetten-Kick

FÜR 4 PERSONEN
ZUBEREITUNG: CA. 45 MIN.
pro PORTION ca. 710 kcal
40 g EIWEISS 35 g FETT 59 g KOHLENHYDRATE

500 g Kalbsgeschnetzeltes (z. B. aus der Oberschale, vom Metzger schneiden lassen) | Salz | Pfeffer | 1 Bund Frühlingszwiebeln | 4 EL Öl | 2 EL Currypulver | 400 ml Kalbsfond (aus dem Glas; ersatzweise Hühnerbrühe) 150 g Crème fraîche | 250 g 10-Minuten-Reis | 2 Bananen | 200 g Kirschtomaten | ½ Bio-Limette

1 Das Kalbsgeschnetzelte mit Salz und Pfeffer würzen. Frühlingszwiebeln waschen, putzen, das Weiße und Hellgrüne getrennt fein schneiden.

2 Inzwischen das Öl erhitzen, Fleisch darin portionsweise in 2–3 Min. scharf anbraten. Herausnehmen und warm halten. Das Weiße der Frühlingszwiebeln 2 Min. im Bratfett andünsten, mit Curry bestäuben und anschwitzen. Fond angießen und Crème fraîche einrühren, aufkochen und alles offen bei mittlerer Hitze 10 Min. einkochen lassen.

3 Inzwischen ½ l Salzwasser aufkochen, den Reis darin 10 Min. kochen. Die Bananen schälen, schräg in Scheiben schneiden. Tomaten waschen und halbieren. Bananen, Tomaten und das Frühlingszwiebelgrün unter das Curry heben. Limette waschen, Schale abreiben und Saft auspressen. Curry mit Salz, Pfeffer, 2–3 TL Limettensaft und etwas Limettenschale abschmecken. Geschnetzeltes unterheben, einmal kurz aufkochen lassen. Reis abgießen und abtropfen lassen, zum Curry servieren.

Fladenbrot mit
Steak und Salat

FÜR 4 PERSONEN
ZUBEREITUNG: CA. 40 MIN.
pro PORTION ca. 890 kcal
32 g EIWEISS 33 g FETT 111 g KOHLENHYDRATE

2 Rumpsteaks (à ca. 200 g) | Salz | Pfeffer | 2 EL Öl
2 TL Chilipulver | 1 Sesam-Fladenbrot (ca. 500 g) | ½ Bund
Schnittlauch | 150 g saure Sahne | 100 g Maiskörner (aus
der Dose) | 2 Tomaten | 150 g gemischter verzehrfertiger
Salat (Kühlregal) | 50 g geröstete Zwiebeln (Fertigprodukt)

1 Die Rumpsteaks trocken tupfen, beidseitig mit Salz und Pfeffer würzen. Öl und Chilipulver verrühren, Fleisch damit dünn bestreichen. Eine Grillpfanne sehr heiß werden lassen, die Steaks, je nachdem, ob man sie medium oder durchgebraten mag, 3–4 oder 4–5 Min. auf jeder Seite braten. Aus der Pfanne nehmen und kurz ruhen lassen, dann in dünne Scheiben schneiden.

2 Inzwischen den Backofengrill oder den Backofen auf 250° (Umluft höchste Stufe) rechtzeitig vorheizen. Fladenbrot auf den Rost (Mitte) legen und in 2–3 Min. knusprig werden lassen.

3 Schnittlauch waschen, trocknen und in Röllchen schneiden. Mit Sahne, Mais, Salz und Pfeffer verrühren. Tomaten waschen, vom Stielansatz befreien, vierteln, entkernen und würfeln.

4 Den Fladen waagrecht aufschneiden, die untere Hälfte mit der Sauerrahmmischung bestreichen. Mit Tomaten, Salat und Fleischstreifen belegen. Röstzwiebeln darauf streuen. Brotdeckel auflegen, den Fladen in Viertel oder Achtel teilen.

Vorrats-Tipp

Die gefüllten Fladenbrote fest in Folie einpacken und als Brotzeit mit an den Arbeitsplatz oder als Proviant für unterwegs mitnehmen.

Lammpfanne mit grünen Bohnen

FÜR 4 PERSONEN
ZUBEREITUNG: CA. 45 MIN.
pro PORTION ca. 520 kcal
26 g EIWEISS 29 g FETT 39 g KOHLENHYDRATE

Salz | 300 g Schneide- oder Schnippelbohnen | 1 Baguette (ca. 230 g) | 4 Schalotten | 2 Knoblauchzehen 4 Zweige Bohnenkraut | 1 Rosmarinzweig | 200 g Kirschtomaten | 400 g Lammlende | 6 EL Olivenöl | Pfeffer

1 Reichlich Salzwasser zum Kochen bringen. Bohnen waschen, putzen und schräg in 1 cm große Rauten schneiden. Im kochenden Wasser 5 Min. garen, dann abgießen, abschrecken und gut abtropfen lassen.

2 Inzwischen das Baguette 2 cm groß würfeln. Schalotten schälen und fein würfeln, Knoblauch schälen. Bohnenkraut und Rosmarin waschen, trocknen, Blättchen bzw. Nadeln abzupfen und hacken. Tomaten waschen. Lammfleisch trocken tupfen und in dünne Scheiben schneiden.

3 In einer großen Pfanne 4 EL Öl erhitzen. Brotwürfel darin 5 Min. unter Wenden rösten. Knoblauch dazupressen und unterrühren. Croûtons herausheben.

4 Das übrige Öl in der Pfanne stark erhitzen. Fleisch darin portionsweise 2–3 Min. unter Wenden braten. Aus der Pfanne nehmen, salzen und pfeffern. Schalotten im verbliebenen Bratfett bei mittlerer Hitze glasig dünsten. Bohnen und Kräuter dazugeben, salzen und pfeffern, 2 Min. dünsten. Tomaten zufügen, 1 Min. mitdünsten. Fleisch und Croûtons untermischen.

Nackensteaks mit Kräuter-Senf-Creme

preiswert

200 g Frischkäse | 60 g weiche Butter | 2 Schalotten
je ½ Bund Schnittlauch und Petersilie | 4 TL körniger
Senf | Salz | Pfeffer | 3–4 TL Zitronensaft | 800 g gegarte
Ofenkartoffeln (Kühlregal) | 1 rote Paprikaschote
5 EL Öl | 4 Schweinenackensteaks (à ca. 180 g)

FÜR 4 PERSONEN
ZUBEREITUNG: CA. 35 MIN.

pro PORTION ca. 640 kcal

51 g EIWEISS 33 g FETT

54 g KOHLENHYDRATE

1 Den Frischkäse und 50 g Butter in eine Schüssel
geben. Schalotten schälen und sehr fein würfeln.
Kräuter waschen, trocken schütteln und fein hacken.
Beides zur Käse-Butter-Mischung geben und alles gut
mischen. Mit Senf, Salz, Pfeffer und Zitronensaft würzen. Creme zugedeckt in den Kühlschrank stellen.

2 Die Ofenkartoffeln pellen und in 1 cm dünne
Scheiben schneiden. Paprikaschote waschen, halbieren, putzen und klein würfeln. In einer großen beschichteten Pfanne 1 EL Öl und übrige Butter erhitzen.
Kartoffeln und Paprika darin 4 Min. unter Wenden braten. Salzen und pfeffern.

3 Inzwischen das Fleisch trocken tupfen, mit Salz
und Pfeffer würzen. In einer großen Pfanne das übrige
Öl erhitzen, Fleisch von jeder Seite 3–4 Min. braten.
Frischkäsecreme und Paprika-Bratkartoffeln zu den
Steaks servieren.

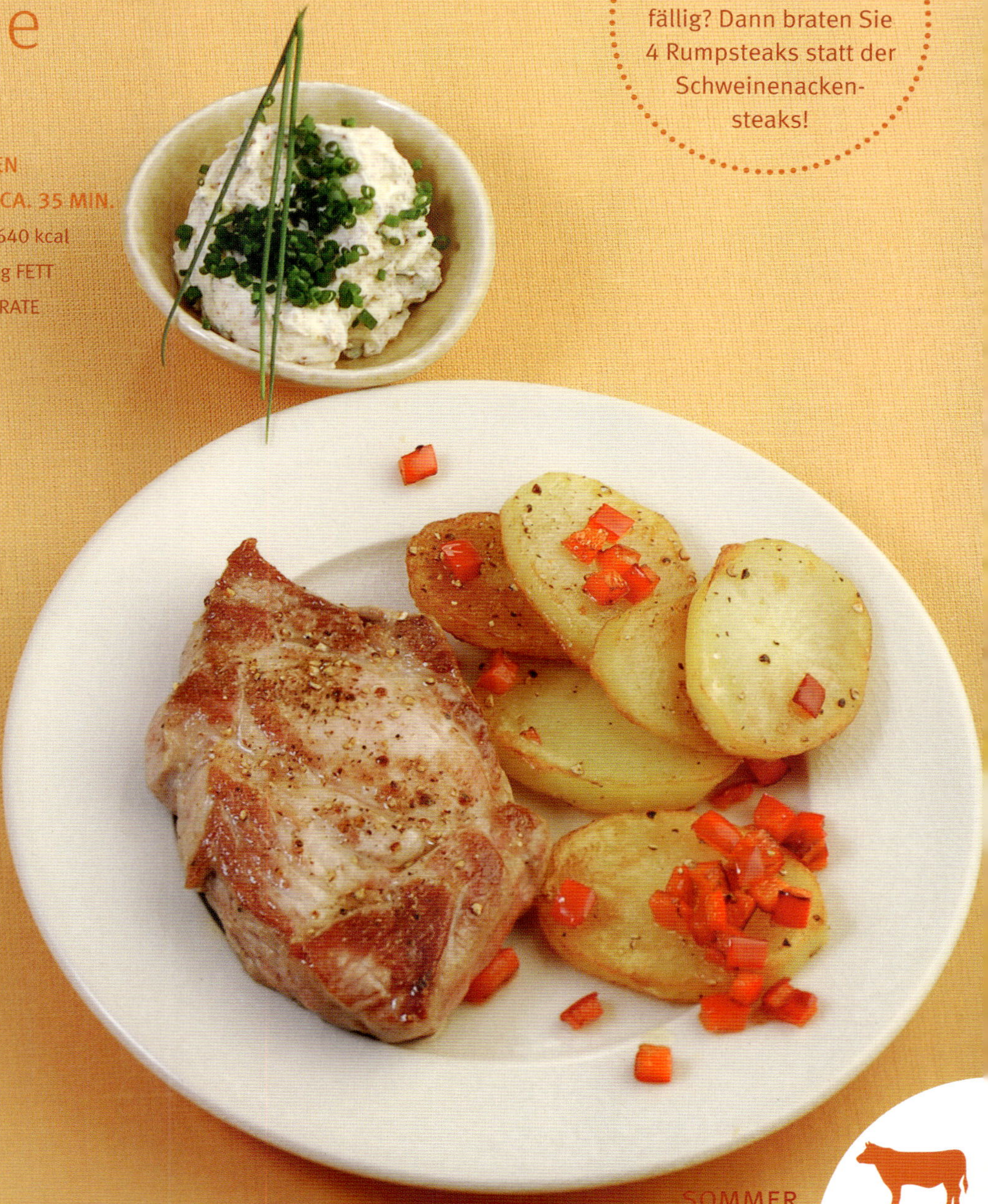

Kasseler mit Bohnen-Apfel-Gemüse

FÜR 4 PERSONEN
ZUBEREITUNG: CA. 35 MIN.
pro PORTION ca. 1060 kcal
76 g EIWEISS 61 g FETT 48 g KOHLENHYDRATE

1 Zwiebel | 500 g festkochende Kartoffeln | 2 EL Butter | ⅛ l lieblicher Cidre | ¼ l Kalbs- oder Hühnerfond (ersatzweise Hühnerbrühe) | 1 Dose kleine weiße Bohnen (240 g Abtropfgewicht) | 2 kleine säuerliche Äpfel (ca. 250 g) | 2–3 Zweige Majoran (oder 1 TL getrockneter) | 4 Scheiben Kasseler Rippchen (à ca. 300 g) | ½ Bund Petersilie | Salz | Pfeffer

1 Die Zwiebel schälen und würfeln. Kartoffeln waschen, schälen und in 1 cm kleine Würfel schneiden. Butter in einem Topf erhitzen, Zwiebel darin glasig dünsten. Kartoffeln dazugeben. Cidre und Fond angießen. Zugedeckt bei schwacher Hitze 10 Min. dünsten.

2 Inzwischen die Bohnen abgießen, abbrausen und abtropfen lassen. Äpfel vierteln, vom Kerngehäuse befreien, schälen und quer in Scheibchen schneiden. Bohnen, Apfelstücke und Majoran zu den Kartoffeln geben und 5 Min. mitgaren.

3 Gleichzeitig in einer großen Pfanne ¼ l Wasser aufkochen, Rippchen hineinlegen und zugedeckt bei schwacher Hitze 10 Min. garen.

4 Die Petersilie waschen, trocken schütteln, Blätter abzupfen und hacken. Bohnengemüse mit Salz und Pfeffer abschmecken, Petersilie aufstreuen. Die Kasseler Rippchen aus der Brühe heben, mit dem Bohnengemüse anrichten.

Reste-Tipp

Noch was übrig vom Gemüse? Dann würzen Sie es mit 1–2 EL Weißweinessig und 2 EL Öl und servieren es als Salat!

Zucchini-Hackfleisch-Frikadellen

600 g TK-Country-Kartoffeln | 1 Brötchen vom Vortag | 1 Zwiebel | 1 kleiner
Zucchino (ca. 125 g) | 500 g gemischtes Hackfleisch | 1 Ei | Salz | Pfeffer
2 EL Butterschmalz | 150 ml Fleischbrühe | 150 g Crème fraîche | 2 EL Ajvar
(aus dem Glas)

FÜR 4 PERSONEN
ZUBEREITUNG: CA. 40 MIN.

pro PORTION ca. 780 kcal

34 g EIWEISS 56 g FETT 38 g KOHLENHYDRATE

1 Den Backofen auf 200° (Umluft 180°) vorheizen. Die gefrorenen Kartoffeln auf einem mit Backpapier belegten Backblech im Ofen (Mitte)
nach Packungsangabe in 20 Min. goldbraun braten.

2 Inzwischen das Brötchen in lauwarmem Wasser einweichen. Zwiebel
schälen und fein würfeln. Zucchino waschen, putzen und raspeln. Hackfleisch, Ei, Zwiebel und Zucchini in eine Schüssel geben. Brötchen ausdrücken und hinzufügen, mit Salz und Pfeffer würzen und alles zu einem
glatten Teig verkneten. Aus der Masse mit feuchten Händen
12 kleine Frikadellen formen.

3 Das Butterschmalz in zwei großen Pfannen erhitzen. Frikadellen
hineingeben und bei mittlerer Hitze von jeder Seite 5 Min. braten.
Herausnehmen und warm stellen.

4 Die Brühe in eine Pfanne gießen, den Bratensatz unter Rühren lösen.
Erst die Crème fraîche, dann den Ajvar einrühren und alles 3 Min. sanft
kochen lassen. Frikadellen mit der Sauce und den Kartoffeln anrichten.

Kalbsröllchen mit Brokkoli

mit viel Sauce!

4 Kalbsschnitzel (à ca. 120 g) | Salz | Pfeffer
4 TL Tomatenmark | 4 Scheiben Parmaschinken
8 Basilikumblätter | 2 EL Olivenöl | 400 ml Kalbs-
fond (aus dem Glas; ersatzweise Hühnerbrühe)
200 g Crème fraîche | 600 g TK-Brokkoli | 1 EL hel-
ler Saucenbinder | Holzzahnstocher

FÜR 4 PERSONEN
ZUBEREITUNG: CA. 45 MIN.

pro PORTION ca. 690 kcal
46 g EIWEISS 44 g FETT 33 g KOHLENHYDRATE

1 Die Schnitzel waschen, trocken tupfen und flach streichen. Beidseitig salzen und pfeffern, mit je 1 TL Tomatenmark bestreichen. Mit jeweils 1 Scheibe Parmaschinken und
2 Basilikumblättern belegen, aufrollen. Rouladen mit Holzstäbchen zusammenstecken.

2 In einer Pfanne das Olivenöl erhitzen. Rouladen darin
rundherum bei starker Hitze in 3 Min. braun anbraten. Mit
¼ l Fond ablöschen. Crème fraîche einrühren, aufkochen
und alles zugedeckt bei mittlerer Hitze 10 Min. schmoren.

3 Inzwischen den übrigen Fond mit Wasser auf ¼ l auffüllen und in einem breiten Topf aufkochen. Gefrorenen Brokkoli hineingeben, zugedeckt bei starker Hitze aufkochen,
dann 5–6 Min. dünsten, mehrmals wenden. Mit Salz und
Pfeffer würzen.

4 Die Kalbsröllchen aus der Pfanne nehmen und warm
stellen. Saucenbinder einrühren und kochen, bis die Sauce
gebunden ist. Salzen und pfeffern. Brokkoli abgießen und
abtropfen lassen. Sauce zu den Röllchen und dem Brokkoli
servieren. Dazu passt Baguette.

Tuning-Tipp

30 g Pinienkerne oder Mandelblättchen in einer Pfanne
ohne Fett anrösten und vor
dem Servieren auf das
Brokkoligemüse
streuen.

Filetspieße mit Cranberry-Sauce

einfach lecker

400 g Schweinefilet (Mittelstück) | 12 Scheiben Bacon (ca. 125 g) | Salz | Pfeffer | 3 EL Butterschmalz | 1 TL schwarze Pfefferkörner | 2 TL Wacholderbeeren | ⅛ l Rotwein | ¼ l Hühnerfond (Glas; ersatzweise Hühnerbrühe) | 50 g getrocknete Cranberrys | 100 g Silberzwiebeln (Glas) | 1 EL dunkler Saucenbinder | 8 TK-Rösti-Ecken | Schaschlikspieße

1 Das Fleisch trocken tupfen und in 12 Scheiben schneiden. Um den Rand jeder Fleischscheibe eine Scheibe Bacon wickeln. Je drei umwickelte Fleischscheiben quer auf einen Schaschlikspieß stecken (damit der Bacon nicht abrutscht). Beidseitig mit Salz und Pfeffer würzen.

2 In einer großen Pfanne 1 EL Butterschmalz erhitzen. Pfefferkörner und Wacholderbeeren zerstoßen, im heißen Fett kurz anrösten. Spieße in die Pfanne geben und von jeder Seite 5 Min. braten. Herausnehmen und warm stellen. Bratensatz mit dem Wein ablöschen. Fond dazugießen und alles bei mittlerer Hitze 5 Min. sanft kochen lassen. Cranberrys und Silberzwiebeln dazugeben, wieder aufkochen und die Sauce mit dem Saucenbinder binden. Fleisch samt gezogenem Saft in die Sauce geben und 5 Min. ziehen lassen.

3 Gleichzeitig 2 EL Schmalz in einer großen Pfanne erhitzen, Rösti darin auf beiden Seiten in 4–5 Min. goldbraun braten. Mit den Filetspießen und der Cranberry-Sauce servieren.

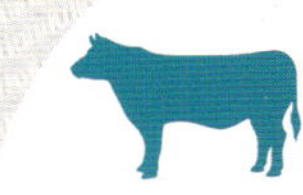

Pfannkuchen
Hawaii

FÜR 4 PERSONEN
ZUBEREITUNG: CA. 45 MIN. | 15 MIN. BACKEN
pro PORTION ca. 780 kcal
49 g EIWEISS 38 g FETT 59 g KOHLENHYDRATE

1 Mehl, Milch, Eier, ½ TL Salz und 1 Prise Cayennepfeffer zu einem glatten Teig verrühren und 10 Min. ruhen lassen.

2 In einer großen beschichteten Pfanne (Ø 28 cm) etwas Butterschmalz erhitzen, etwas Teig mit einer Kelle hineingeben und nacheinander 6 Pfannkuchen bei mittlerer Hitze in 3–4 Min. von beiden Seiten goldbraun backen.

3 Inzwischen den Backofen auf 220° (Umluft nicht empfehlenswert) vorheizen. Ananas abgießen und gut abtropfen lassen, in kleine Würfel schneiden. Jeden Pfannkuchen mit je 1 Scheibe Schinken belegen. Ananasstücke darauf verteilen. Mit je etwa 35 g geriebenem Käse bestreuen. Alle Pfannkuchen aufrollen.

4 Eine Auflaufform leicht einfetten. Pfannkuchen quer halbieren, nebeneinander in die Form legen und mit dem übrigen Käse bestreuen. Im heißen Ofen (2. Schiene von unten) 15 Min. backen. Tomaten waschen, halbieren, vom Stielansatz befreien und in dünne Scheiben schneiden. Zum Ende der Garzeit auf den Pfannkuchen verteilen.

Kaninchenkeulen

mit Speckknödeln

ganz was Feines

4 Kaninchenkeulen (à 200 g) | Salz | Pfeffer
1 EL Mehl | 75 g Baconstreifen (Kühlregal) | 1 EL Öl
¼ l Geflügelfond (Glas) | 6 Semmelknödel im
Kochbeutel | 200 g Sahne | 1 Bund Schnittlauch

FÜR 4 PERSONEN
ZUBEREITUNG: CA. 45 MIN.

pro PORTION ca. 740 kcal
49 g EIWEISS 46 g FETT 23 g KOHLENHYDRATE

1 Die Kaninchenkeulen waschen, trocken tupfen, salzen und pfeffern. Mit dem Mehl bestäuben. Eine große Pfanne erhitzen, Speckstreifen darin bei mittlerer Hitze in 3–4 Min. kross braten, herausnehmen. Das Öl im Speckfett erhitzen, Kaninchenkeulen rundherum in 5 Min. anbraten, dann den Fond angießen und Keulen bei mittlerer Hitze 25 Min. zugedeckt schmoren.

2 Inzwischen die Knödel in einem Topf mit reichlich Wasser 10 Min. quellen lassen. Salz hinzufügen, Wasser aufkochen und kurz sprudelnd kochen, dann Knödel bei schwacher Hitze 20 Min. ziehen lassen.

3 Die Kaninchenkeulen aus der Pfanne nehmen und warm stellen. Sahne angießen und in 5 Min. bei starker Hitze sämig einkochen lassen. Mit Salz und Pfeffer abschmecken. Schnittlauch waschen, trocken schütteln, fein schneiden und untermischen. Inzwischen die Knödel aus dem Kochbeutel lösen und mit den Speckstreifen bestreut anrichten. Kaninchenkeulen und Schnittlauchrahm dazu servieren.

Schollenfilets mit Spitzkohl-Reis

kalorienarm

**600 g Schollenfilet | 2 EL Zitronensaft | Salz
Pfeffer | 4 EL Mehl | 700 g Spitzkohl | 2 Möhren
1 Stück Ingwer (ca. 2 cm) | 2 EL gesalzene und
geröstete Erdnüsse | 6 EL Öl | 250 g Basmati-
Wildreis-Mischung | 100 ml Orangensaft**

FÜR 4 PERSONEN
ZUBEREITUNG: CA. 40 MIN.

pro PORTION ca. 600 kcal

35 g EIWEISS 21 g FETT

68 g KOHLENHYDRATE

1 Die Schollenfilets abbrausen, trocken tupfen und
mit dem Zitronensaft beträufeln. Beidseitig salzen und
pfeffern und im Mehl wenden.

2 Den Spitzkohl putzen, den Strunk entfernen und
den Kohl in feine Streifen schneiden. Möhren putzen,
schälen und ebenfalls in Streifen schneiden. Ingwer
schälen und fein würfeln. Erdnüsse grob hacken oder
ganz lassen.

3 In einem breiten Topf 2 EL Öl erhitzen. Reis dazugeben und unter Rühren anrösten. Ingwer, Kohl und
Möhren zufügen, 3 Min. mitdünsten. Orangensaft und
400 ml Wasser angießen, salzen. Aufkochen und zugedeckt bei schwacher Hitze 20 Min. quellen lassen.

4 Inzwischen in einer großen Pfanne das übrige Öl
erhitzen, Schollenfilets darin portionsweise von jeder
Seite 2 Min. braten. Erdnüsse darüberstreuen. Gemü-
sereis mit Salz und Pfeffer abschmecken, zu den
Schollenfilets servieren.

Rotbarsch mit Olivenkruste und Spinat

FÜR 4 PERSONEN
ZUBEREITUNG: 35 MIN. | 15 MIN. BACKEN
pro PORTION ca. 425 kcal
31 g EIWEISS 27 g FETT 14 g KOHLENHYDRATE

½ Bund Petersilie | 60 g schwarze Oliven (entsteint) 350 g Tomaten | 60 g Semmelbrösel | 6 EL Olivenöl 2 TL Zitronensaft | Salz | Pfeffer | 4 Rotbarschfilets (à ca. 150 g) | 250 g Babyspinat | 2 EL Butter | frisch geriebene Muskatnuss | Fett für die Form

1 Die Petersilie waschen, trocken schütteln, Blättchen abzupfen und fein hacken. Oliven klein würfeln. Tomaten waschen, vierteln, von Stielansatz und Kernen befreien und ebenfalls in kleine Würfel schneiden. Semmelbrösel, Petersilie, Tomaten und Oliven mit dem Olivenöl mischen. Mit Zitronensaft, Salz und Pfeffer würzen.

2 Den Backofen auf 200° (Umluft nicht geeignet) vorheizen. Eine Gratinform einfetten. Fischfilets waschen, trocken tupfen, salzen und pfeffern. In die Form legen, die Olivenbrösel darauf verteilen. Fisch im Ofen (Mitte) 15 Min. backen.

3 Inzwischen den Spinat waschen, abtropfen lassen und verlesen. Die Butter in einer Pfanne zerlassen, den Spinat dazugeben und bei mittlerer Hitze 2–3 Min. unter Rühren zusammenfallen lassen. Mit Salz und Muskat würzen. Spinat zum Fisch servieren.

Forellen mit sahnig frisch
Erbsen-Basilikum-Sauce

FÜR 4 PERSONEN
ZUBEREITUNG: CA. 40 MIN.

pro PORTION ca. 670 kcal

65 g EIWEISS   31 g FETT   33 g KOHLENHYDRATE

750 g kleine Kartoffeln | Salz | 4 küchenfertige Forellen (à ca. 300 g)
Pfeffer | 2 EL Mehl | 150 g TK-Erbsen | 6 EL Butter | 4 Schalotten
¼ l Gemüsefond oder -brühe | 125 g Sahne | 1 Bund Basilikum

1 Die Kartoffeln waschen, in einem Topf mit Salzwasser bedeckt 20 Min. garen. Die Forellen waschen, trocknen, innen und außen mit Salz und Pfeffer würzen, dann im Mehl wenden.

2 Den Backofen auf 100° (Umluft 80°) vorheizen. Die Erbsen antauen lassen. In zwei Pfannen je 2 EL Butter erhitzen, je 2 Forellen darin bei mittlerer Hitze von jeder Seite 4–5 Min. braten. Herausnehmen und im Ofen warm halten.

3 Schalotten schälen und fein würfeln. 2 EL Butter erhitzen, Schalotten darin andünsten. Erbsen zufügen und andünsten. Fond und Sahne angießen und 5 Min. sanft kochen lassen, dabei gelegentlich umrühren.

4 Die Basilikumblätter abzupfen, abreiben und in den Topf geben. Alles mit dem Pürierstab fein pürieren und schaumig aufmixen, mit Salz und Pfeffer würzen. Kartoffeln abgießen und pellen, mit den Forellen und der Erbsen-Basilikum-Sauce anrichten.

Fisch-Saltimbocca mit Petersilien-Risotto

italienisch inspiriert

1 Zwiebel | 2 Knoblauchzehen | 4 EL Olivenöl | 250 g Risottoreis | 900 ml heiße Gemüsebrühe | 4 Fischfilets (à ca. 150 g) | Salz | Pfeffer | 4 Salbeiblätter | 4 Scheiben Parmaschinken | 1 Bund Petersilie | fein abgeriebene Schale einer Bio-Zitrone

FÜR 4 PERSONEN
ZUBEREITUNG: CA. 35 MIN.
pro PORTION ca. 520 kcal
38 g EIWEISS 19 g FETT 52 g KOHLENHYDRATE

1 Die Zwiebel schälen und fein würfeln. Knoblauch schälen und fein hacken. 2 EL Olivenöl in einem breiten Topf erhitzen. Zwiebel, Knoblauch und Reis unter Rühren glasig braten. Die Brühe dazugießen und den Risotto bei schwacher Hitze in 25 Min. offen ausquellen lassen, dabei immer wieder rühren, damit er nicht ansetzt.

2 Inzwischen die Fischfilets waschen und trocken tupfen, beidseitig mit wenig Salz und mit Pfeffer würzen. Mit je 1 Salbeiblatt belegen, darauf je 1 zusammengeklappte Scheibe Parmaschinken legen und beides mit Holzstäbchen befestigen. Petersilie waschen, trocken schütteln, Blättchen abzupfen und hacken.

3 2 EL Öl in einer Pfanne erhitzen, Fischfilets bei mittlerer Hitze von jeder Seite 2 Min. braten. Petersilie, Salz, Pfeffer und Zitronenschale unter den Risotto heben. Risotto zum Fisch servieren.

Tuning-Tipp

Wer mag, röstet 40 g Pinienkerne in einer Pfanne ohne Fett goldbraun und streut sie auf den Risotto.

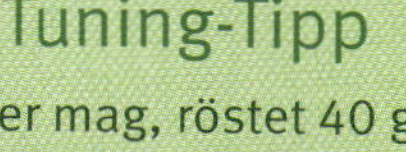

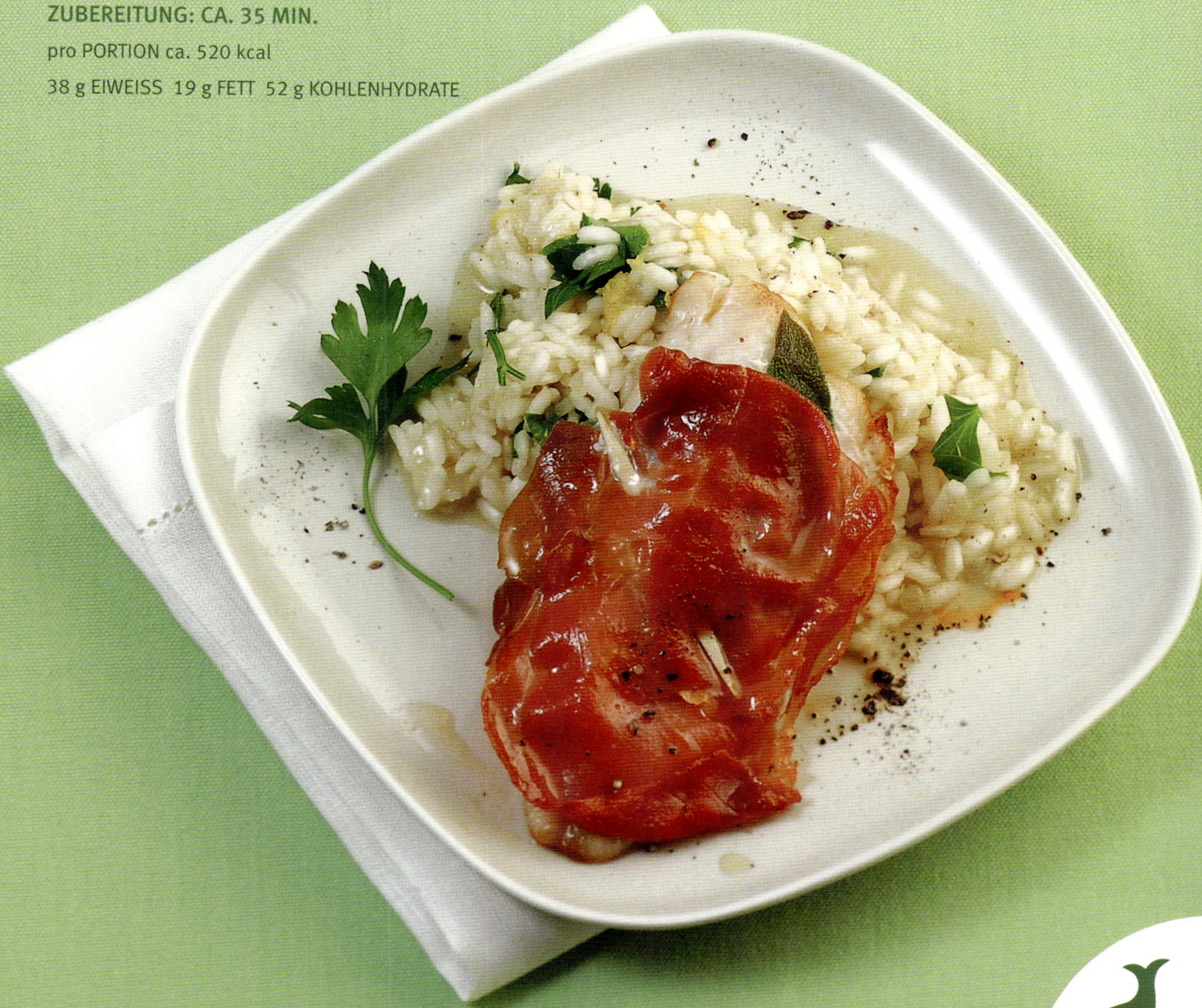

Matjes mit Rote-Bete-Rahm

Vorbereitungs-Tipp

Das Gericht am Vortag zubereiten: Die Matjesfilets nebeneinander in eine Schale legen und mit der Sahnemischung bedecken. Zugedeckt im Kühlschrank über Nacht durchziehen lassen.

FÜR 4 PERSONEN
BLITZREZEPT: NUR CA. 20 MIN.
pro PORTION ca. 490 kcal
20 g EIWEISS 40 g FETT 12 g KOHLENHYDRATE

200 g Sahne | 200 g Naturjoghurt | 2–3 TL Weißweinessig | Salz | Pfeffer | 2 Rote Beten (ca. 200 g; vakuumverpackt aus dem Kühlregal) | 1 säuerlicher Apfel | 3 Schalotten 2 Gewürzgurken (ca. 100 g) | ½ Bund Dill 8 Matjesfilets (à ca. 50 g)

1 Die Sahne mit dem Joghurt und Essig in einer Schüssel verrühren. Mit Salz und Pfeffer würzen.

2 Die Roten Beten vierteln und in dünne Scheiben schneiden. Apfel schälen, achteln, vom Kerngehäuse befreien und in dünne Scheibchen schneiden. Schalotten schälen und in sehr feine Ringe schneiden oder hobeln. Gurken in dünne Scheiben schneiden. Rote Beten, Apfel, Schalotten und Gurken in die Sauce geben und untermischen. Dill waschen, trocken schütteln, abzupfen, hacken und die Hälfte unterheben.

3 Die Matjesfilets mit der Rote-Bete-Sauce anrichten. Mit dem übrigen Dill bestreuen. Dazu schmeckt Vollkornbrot.

Brokkoli-Fisch-Wok

für Asia-Fans

mit Naturreis

300 g Pangasius-Filet (ersatzweise Flussbarsch oder Seezunge) | 4 EL helle Sojasauce | 500 g Brokkoli 1 große rote Paprikaschote | 1 walnussgroßes Stück Ingwer | 2 Knoblauchzehen | 250 g Parboiled-Naturreis | Salz | 4 EL Erdnussöl | 200 ml Gemüsebrühe Pfeffer | 60 g gehackte Cashewkerne

FÜR 4 PERSONEN
ZUBEREITUNG: CA. 40 MIN.

pro PORTION ca. 530 kcal

29 g EIWEISS 21 g FETT 56 g KOHLENHYDRATE

1 Das Fischfilet abbrausen, trocken tupfen und beidseitig mit 2 EL Sojasauce bestreichen. Brokkoli waschen, putzen und in möglichst kleine Röschen teilen, die Stiele schälen und schräg in dünne Scheiben schneiden. Paprikaschote vierteln, entkernen, waschen und in feine Streifen schneiden. Ingwer und Knoblauch schälen und fein hacken.

2 Den Reis im Kochbeutel in Salzwasser aufkochen und zugedeckt bei schwacher Hitze 10 Min. quellen lassen.

3 Inzwischen zuerst den Wok, dann 2 EL Öl darin erhitzen. Fischfilets halbieren oder dritteln und von jeder Seite 1 Min. braten, herausnehmen. Das übrige Öl im Wok erhitzen. Ingwer und Knoblauch kurz anrösten. Brokkoli dazugeben und 2 Min. unter Rühren braten. Paprika 2 Min. mitbraten. Brühe angießen, aufkochen und mit 2 EL Sojasauce und Pfeffer abschmecken, 2–3 Min. dünsten. Fischstücke obendrauf legen, mit Cashewkernen bestreuen. Den Reis aus dem Kochbeutel nehmen, abtropfen lassen und zum Fisch servieren.

Bunte Kartoffelpfanne
mit Thunfisch

700 g kleine junge Kartoffeln | 6–7 EL Olivenöl | Salz
Pfeffer | 400 g frisches Thunfischfilet | 1 kleine Auber-
gine (ca. 200 g) | 1 Zucchino (ca. 200 g) | je 1 rote und
gelbe Paprikaschote | 1 TL Kräuter der Provence
200 g Sahnejoghurt | 1 TL edelsüßes Paprikapulver

FÜR 4 PERSONEN
ZUBEREITUNG: CA. 45 MIN.
pro PORTION ca. 575 kcal
28 g EIWEISS 39 g FETT 28 g KOHLENHYDRATE

1 Die Kartoffeln waschen und ungeschält längs halbieren. 4 EL Olivenöl in einer großen Pfanne erhitzen.
Kartoffeln 15 Min. bei mittlerer Hitze unter Wenden
braten, mit Salz und Pfeffer würzen.

2 Inzwischen den Thunfisch waschen, trocken tupfen und in 2 cm große Würfel schneiden, salzen und
pfeffern. Aubergine waschen, putzen, erst in Scheiben, dann in mittelgroße Würfel schneiden. Zucchino
waschen, putzen, längs vierteln und ebenfalls würfeln. Auberginen und Zucchini auf Küchenpapier aus-
breiten und salzen. Paprikaschoten waschen, halbieren, putzen, entkernen und würfeln.

3 Die Bratkartoffeln aus der Pfanne nehmen. Thunfisch im verbliebenen Bratöl in 3 Min. kurz und scharf
anbraten und wieder herausnehmen.

4 Das übrige Öl nach und nach in der Pfanne erhitzen. Auberginen- und Zucchiniwürfel trocken tupfen;
zuerst die Auberginen 2 Min. scharf anbraten, dann
die Zucchini dazugeben und 1 Min. mitbraten. Die
Paprika dazugeben und alles noch 2 Min. braten. Mit
Pfeffer und Kräutern der Provence würzen. Kartoffeln
und Thunfisch unter das Gemüse mischen. Joghurt
mit Paprikapulver bestäuben und dazu servieren.

Speed-Tipp
Statt der jungen Kartof-
feln 600 g tiefgekühlte
Bratkartoffeln nehmen
und in 8–10 Min.
goldbraun braten.

Polenta-Fisch

auf Mangoldgemüse

**600 g Mangold | 1 rote Paprikaschote | 1 Zwiebel
2 Knoblauchzehen | 1 Dose Mais (140 g Abtropf-
gewicht) | 600 g Seelachs- oder Rotbarschfilet
Salz | Pfeffer | 2 Eier | 100 g Polentagrieß | 4 EL Oli-
venöl | 200 ml Gemüsebrühe | 150 g Crème fraîche**

FÜR 4 PERSONEN
ZUBEREITUNG: CA. 45 MIN.

pro PORTION ca. 630 kcal

41 g EIWEISS 32 g FETT

46 g KOHLENHYDRATE

1 Mangold waschen, putzen, Stiele in Streifen schneiden,
Mangoldblätter hacken. Paprika waschen, halbieren, putzen
und klein würfeln. Zwiebel und Knoblauch schälen und würfeln. Mais abgießen und abtropfen lassen.

2 Die Fischfilets waschen, trocken tupfen, beidseitig mit Salz
und Pfeffer würzen. Eier in einem Teller verquirlen, Polenta in
einem zweiten Teller bereitstellen. Fischfilets erst in den Eiern,
dann in der Polenta wenden. Panade vorsichtig andrücken.

3 In einem breiten Topf 2 EL Öl erhitzen, Zwiebel und Knoblauch glasig dünsten. Mangoldstiele und Paprikawürfel 3 Min.
mitdünsten. Mit der Brühe ablöschen. Mangoldblätter zuge-
ben, 2 Min. mitgaren. Alles mit Salz und Pfeffer würzen. Mais
und Crème fraîche unterheben, nur kurz erhitzen.

4 Gleichzeitig das übrige Öl in einer beschichteten Pfanne
erhitzen. Fisch darin auf beiden Seiten in 4 Min. goldbraun
braten. Fisch auf oder neben dem Mangoldgemüse anrichten.

Garnelen-Gurken-Ragout

FÜR 4 PERSONEN
ZUBEREITUNG: CA. 45 MIN.
pro PORTION ca. 635 kcal
30 g EIWEISS 27 g FETT 63 g KOHLENHYDRATE

250 g Reis-Wildreis-Mischung | Salz | 2 Schalotten | 2 Knoblauch-
zehen | 2–3 Gärtnergurken (ca. 750 g) | 2 EL Butter | 100 ml trockener
Weißwein | 200 ml Fischfond (aus dem Glas) | 200 g Sahne | Pfeffer
400 g gegarte Garnelen (Kühlregal) | ½ Bund Dill

1 In einem Topf ½ l Wasser zum Kochen bringen. Reis und 1 TL Salz hinzufügen, kurz aufkochen und zugedeckt 18–20 Min. sanft kochen lassen.

2 Inzwischen die Schalotten und Knoblauchzehen schälen und in sehr kleine Würfel schneiden. Gurken schälen, längs halbieren, Kerne mit einem Teelöffel herauskratzen und Gurken quer in 1 cm breite Stücke schneiden.

3 In einem breiten Topf die Butter erhitzen, Schalotten und Knoblauch darin bei mittlerer Hitze andünsten. Gurken dazugeben und 1 Min. dünsten. Wein und Fond angießen und bei starker Hitze unter gelegentlichem Rühren 5 Min. einkochen lassen. Sahne hinzufügen und alles bei mittlerer Hitze zugedeckt 5 Min. schmoren. Mit Salz und Pfeffer würzen. Gegarten Reis vom Herd nehmen; eventuell übriges Wasser abgießen.

4 Garnelen abbrausen, trocken tupfen, hinzufügen und nur kurz erwärmen. Dill waschen, trocken schütteln, fein schneiden und untermischen. Die Reismischung zum Ragout servieren.

Tausch-Tipp

Sonntagsfein wird das Gericht, wenn Sie statt der Garnelen gegartes Flusskrebsfleisch (Kühlregal) nehmen.

Lachskoteletts
mit Tomaten-Pilzen

FÜR 4 PERSONEN
ZUBEREITUNG: CA. 30 MIN. | 15 MIN. BACKEN

pro PORTION ca. 600 kcal

53 g EIWEISS 40 g FETT 8 g KOHLENHYDRATE

2 EL Olivenöl | 2 EL Zitronensaft | Salz | Pfeffer
2 Knoblauchzehen | 4 Lachskoteletts (à ca. 250 g)
600 g Kirschtomaten | je 150 g kleine Champignons
und Egerlinge | 2 Zweige Rosmarin | 50 ml Fischfond
(aus dem Glas; ersatzweise Gemüsebrühe) | 1 TL ro-
senscharfes Paprikapulver | Olivenöl für die Form

1 Das Öl mit Zitronensaft, Salz und Pfeffer verrühren. Knoblauch schälen und dazupressen. Lachskoteletts waschen, trocken tupfen und in der Marinade
wenden, ziehen lassen.

2 Den Backofen auf 220° (Umluft nicht geeignet)
vorheizen. Tomaten waschen, größere halbieren.
Pilze sauber abreiben, Stielenden abschneiden, größere Pilze halbieren. Rosmarin waschen, trocken
schütteln, Nadeln abzupfen und grob hacken.

3 Eine große Gratinform oder die Fettpfanne des
Backofens einfetten. Abgetropfte Lachskoteletts
(Marinade aufheben!) hineinlegen. Tomaten und
Pilze drum herum verteilen, mit Rosmarin bestreuen.
Im heißen Ofen (Mitte) 5 Min. braten. Marinade mit
Fond oder Brühe und Paprikapulver verrühren. Tem-
peratur auf 200° herunterschalten, Lachs wenden
und Marinade angießen. Weitere 10 Min. garen.

Thunfisch-Pizza
mit Artischocken

FÜR 4 PERSONEN
ZUBEREITUNG: CA. 30 MIN. | 15 MIN. BACKEN
pro PORTION ca. 535 kcal
29 g EIWEISS 22 g FETT 53 g KOHLENHYDRATE

1 Packung Pizzateig, fertig ausgerollt (400 g, Kühlregal) | 1 kleine Dose stückige Tomaten (400 g) | 2 TL getrockneter Oregano | 1–2 EL kleine Kapern | Salz | Pfeffer | 1 Dose Thunfisch im eigenen Saft (ca. 150 g Abtropfgewicht) | 1 Dose Artischockenherzen (240 g Abtropfgewicht) 1 kleine gelbe Paprikaschote | 250 g Mozzarella | 2 EL Olivenöl

1 Den Pizzateig mit dem Backpapier auf dem Backblech entrollen. Den Backofen auf 250° (Umluft 220°) vorheizen.

2 Die Tomaten mit 1 TL Oregano und den Kapern mischen, salzen und pfeffern. Thunfisch abgießen, abtropfen lassen und mit einer Gabel zerpflücken. Artischocken abtropfen lassen und vierteln. Paprikaschote waschen, vierteln, entkernen und in feine Streifen schneiden.

3 Erst die Tomatensauce auf dem Teig verstreichen, dann Gemüse und Thunfisch darauf verteilen. Mit Salz, Pfeffer und dem übrigen Oregano würzen. Mozzarella in kleine Würfel schneiden und obendrauf streuen. Mit dem Olivenöl beträufeln. Pizza im Ofen (2. Schiene von unten) 12–15 Min. backen.

Tausch-Tipp

Fleischliebhaber können den Thunfisch durch 150 g gekochten Schinken ersetzen und diesen in Streifen oder Stücke schneiden.

Haselnuss-Kabeljau
mit Wirsingpüree

Tuning-Tipp

Das Wirsingpüree in eine gefettete Form füllen, mit 100 g geriebenem Emmentaler oder Gouda bestreuen. Im heißen Backofen bei 200º (Umluft 180º; Mitte) 15 Min. goldbraun überbacken.

FÜR 4 PERSONEN
ZUBEREITUNG: CA. 35 MIN.
pro PORTION ca. 600 kcal
38 g EIWEISS 33 g FETT 39 g KOHLENHYDRATE

Salz | 500 g Wirsing | 600 g Kabeljaufilet | Pfeffer
1 EL Öl | 70 g Butter | 50 g gehackte Haselnüsse
4 TL Zitronensaft | 2 Päckchen Kartoffelpüree
(à 3 Portionen) | frisch geriebene Muskatnuss

1 Reichlich Salzwasser zum Kochen bringen. Den Wirsing waschen, putzen, vom Strunk befreien und in feine Streifen schneiden. 4 Min. kochen, dann abgießen, dabei 1 l Wirsingwasser auffangen. Wirsing abschrecken und gut abtropfen lassen.

2 Den Fisch waschen, trocken tupfen und mit Salz und Pfeffer würzen. Öl in einer Pfanne erhitzen, Fischfilets darin 2 Min. braten. Hitze reduzieren, 40 g Butter und die Nüsse dazugeben. Den Fisch wenden und noch 5 Min. bei schwacher Hitze ziehen lassen. Mit dem Zitronensaft würzen.

3 Gleichzeitig das abgenommene Wirsingwasser aufkochen und das Püree damit, wie auf der Packung beschrieben, zubereiten. Mit Salz, Pfeffer und Muskat würzen. Wirsingstreifen und übrige Butter in Flöckchen unterheben. Püree zum Haselnuss-Kabeljau servieren.

Wurzelgemüse-Fisch
in Folie

FÜR 4 PERSONEN
ZUBEREITUNG: CA. 45 MIN.
pro PORTION ca. 655 kcal
43 g EIWEISS 42 g FETT 25 g KOHLENHYDRATE

500 g festkochende Kartoffeln | 250 g Möhren | 250 g Knollensellerie | 1 mittelgroße Stange Lauch | 4 EL Öl | Salz | Pfeffer | 700 g Heilbuttfilet | 300 ml Gemüsebrühe | 250 g Crème fraîche | 200 ml Milch
4–5 EL scharfer Senf | 1 großer Folien-Bratschlauch

1 Die Kartoffeln, Möhren und Sellerie putzen und schälen, Lauch waschen und putzen. Alle Gemüse in dünne, lange Streifen schneiden. Mit dem Öl mischen, salzen, pfeffern und in einen 50 cm langen Bratschlauch geben.

2 Den Backofen auf 200° (Umluft nicht empfehlenswert) vorheizen. Das Fischfilet abspülen und trocken tupfen, mit Salz und Pfeffer würzen. Fisch auf das Gemüse legen, Brühe dazugeben. Den Bratschlauch verschließen und Löcher einstechen. Den Bratschlauch auf den kalten Backofenrost legen. Den Fisch im heißen Ofen (2. Schiene von unten) 20 Min. garen.

3 Inzwischen Crème fraîche und Milch aufkochen, Senf einrühren. Mit Salz und Pfeffer würzen. Nach Ende der Garzeit den Bratschlauch aufschneiden, Fisch und Gemüse herausheben. Die Sauce dazu servieren.

Fenchel-Doraden
aus dem Ofen

Fisch de luxe!

4 küchenfertige Doraden (à 300–400 g) | 2 TL Fenchel-
samen | 2 Knoblauchzehen | 1 große Bio-Orange
Salz | Pfeffer | 800 g Fenchelknollen | 1 EL gehackter
Rosmarin | ¼ l Gemüsefond (Glas) oder -brühe
4 EL Olivenöl | 200 g Sahne | Fett für das Backblech

FÜR 4 PERSONEN
ZUBEREITUNG: CA. 30 MIN. | 25 MIN. BRATEN
pro PORTION ca. 705 kcal
87 g EIWEISS 35 g FETT 13 g KOHLENHYDRATE

1 Die Doraden waschen, trocken tupfen und beidseitig je dreimal
schräg einschneiden. Fenchelsamen zerdrücken. Knoblauch schälen
und fein hacken. Orange heiß waschen und abtrocknen, Schale fein
abreiben. Orange in dünne Scheiben schneiden. Fenchelsamen,
Knoblauch, Orangenschale, Salz und Pfeffer mischen. Doraden innen
und außen mit der Gewürzmischung einreiben.

2 Den Backofen auf 220° (Umluft nicht geeignet) vorheizen. Fenchel
waschen, putzen und das Fenchelkraut abschneiden. Die Knollen
längs halbieren, Strunk herausschneiden und die Hälften der Länge
nach in möglichst dünne Scheiben hobeln oder schneiden. Ein tiefes
Backblech einfetten. Orangen- und Fenchelscheiben darauf verteilen,
mit Salz, Pfeffer und Rosmarin würzen. Doraden obendrauf legen. Mit
Fond oder Brühe und Olivenöl beträufeln. Im Ofen (Mitte) 20–25 Min.
braten. 10 Min. vor Ende der Garzeit die Sahne dazugießen.

3 Doraden mit Fenchel, Orangen und Orangensauce servieren.
Fenchelkraut hacken und obendrauf streuen. Dazu passt Weißbrot.

Pellkartoffeln
mit Kräuterquark

FÜR 4 PERSONEN
ZUBEREITUNG: CA. 30 MIN.
pro PORTION ca. 310 kcal
26 g EIWEISS 9 g FETT 32 g KOHLENHYDRATE

800 g kleine neue Kartoffeln | Meersalz | 2 Eier 500 g Magerquark | 200 g Sahnejoghurt | 2 TL Senf | 1–2 TL Weißweinessig | 1 weiße Zwiebel 1 Bund gemischte Kräuter (z. B. Petersilie, Dill, Schnittlauch, Estragon, Pimpernelle, Basilikum) Salz | Pfeffer

1 Die Kartoffeln waschen, in einen Topf geben und mit Salzwasser bedeckt in 20–25 Min. gar kochen.

2 Inzwischen die Eier in 10–12 Min. hart kochen. Quark mit Joghurt, Senf und Essig verrühren. Zwiebel schälen und fein würfeln. Kräuter waschen, trocken schütteln, die Blätter abzupfen und grob hacken. Die Kräuter mit der Zwiebel unter den Quark rühren. Die Eier abgießen, abschrecken, pellen und fein hacken, ebenfalls untermischen. Den Quark mit Salz und Pfeffer abschmecken.

3 Die Kartoffeln abgießen, kurz ausdampfen lassen und mit grob gemahlenem Meersalz bestreuen. Den Kräuterquark dazu servieren.

Pfannengerührte blitzschnell
Zuckerschoten mit Tofu

300 g Tofu | 1 Knoblauchzehe | 4 EL Öl | Salz
Pfeffer | 400 g Zuckerschoten | 1 rote Paprikaschote
1 Bund Frühlingszwiebeln | 250 g Mungobohnen-
sprossen | 250 g 10-Minuten-Reis | 4–5 EL helle
Sojasauce | 8 EL Gemüsebrühe

FÜR 4 PERSONEN
ZUBEREITUNG: CA. 25 MIN.
pro PORTION ca. 445 kcal
26 g EIWEISS | 15 g FETT
51 g KOHLENHYDRATE

1   Den Tofu trocken tupfen und in 1,5 cm große Würfel schneiden. Knoblauch schälen, zerdrücken und mit 2 EL Öl, Salz und
Pfeffer verrühren. Tofuwürfel darin wenden.

2   Zuckerschoten putzen und waschen. Paprikaschote waschen, putzen, halbieren und in Streifen schneiden. Frühlingszwiebeln waschen, putzen und in 3 cm lange Stücke schneiden.
Sprossen abbrausen und gut abtropfen lassen. Den Reis mit
½ l Salzwasser aufkochen und zugedeckt bei schwacher Hitze
10 Min. quellen lassen.

3   Inzwischen den Wok stark erhitzen, Tofuwürfel darin in zwei
Portionen rundherum in 3–5 Min. goldbraun braten. Mit einer
Schaumkelle herausheben und warm halten.

4   Das übrige Öl im Wok erhitzen, Zuckerschoten und Paprika
unter Rühren 2 Min. braten. Sprossen und Frühlingszwiebeln
dazugeben und 1 Min. mitbraten. Alles mit Salz, Pfeffer und Sojasauce würzen. Brühe angießen und 1–2 Min. kochen. Tofu unterheben. Mit Salz und Pfeffer würzen. Den Reis dazu servieren.

Kohlrabi-Fritten mit Tomatenmayonnaise

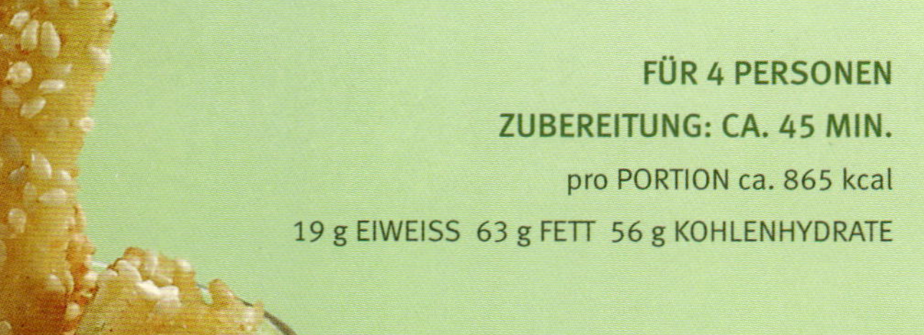

FÜR 4 PERSONEN
ZUBEREITUNG: CA. 45 MIN.

pro PORTION ca. 865 kcal
19 g EIWEISS 63 g FETT 56 g KOHLENHYDRATE

100 g Mayonnaise | 100 g Tomatenketchup
100 g saure Sahne | 1–2 EL Zitronensaft | Salz
Pfeffer | 1 kg mittelgroße Kohlrabi | 2 Eier | 100 g
Mehl | 100 g Semmelbrösel | 100 g Sesam | ½ l Öl

1 Die Mayonnaise mit Ketchup, saurer Sahne und Zitronensaft verrühren. Mit Salz und Pfeffer würzen.

2 Die Kohlrabi putzen, schälen und in 1 cm dicke Scheiben schneiden, diese dann in 2 cm breite, etwa kleinfingerlange Stifte schneiden.

3 Die Eier mit Salz und Pfeffer in einem tiefen Teller verquirlen. Mehl auf einen zweiten Teller geben, Semmelbrösel mit Sesam auf einem dritten großen Teller mischen. Kohlrabi portionsweise zuerst im Mehl, dann in den Eiern und zuletzt in der Sesammischung wenden.

4 In einer tiefen Pfanne oder im Wok das Öl stark erhitzen. Kohlrabistifte darin portionsweise bei mittlerer Hitze rundherum in 2–3 Min. goldbraun braten. Auf Küchenpapier kurz abtropfen lassen. Fertige Pommes im Backofen bei 80° warm halten. Mit der Tomatenmayo servieren.

Galettes mit Ratatouille

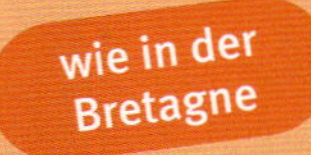

FÜR 4 PERSONEN
ZUBEREITUNG: CA. 40 MIN.

pro PORTION ca. 465 kcal
13 g EIWEISS 22 g FETT 52 g KOHLENHYDRATE

**250 g Buchweizenmehl | 2 Eier | Salz | 200 ml Milch
200 g Auberginen | 250 g Zucchini | 1 rote Paprika-
schote | 1 Zwiebel | 4 EL Olivenöl | ¼ l Tomatensaft
Pfeffer | 6–8 TL Butter**

1 Mehl, Eier, 15 g Salz, Milch und ca. 200 ml Wasser zu einem flüssigen Teig verrühren. Quellen lassen, bis das Gemüse vorbereitet ist.

2 Die Auberginen und Zucchini waschen, putzen und in 1 cm große Würfel schneiden. Paprikaschote waschen, putzen und ebenfalls 1 cm groß würfeln. Zwiebel schälen und fein würfeln.

3 Das Öl in einem breiten Topf erhitzen. Zwiebel darin glasig dünsten. Paprika, Zucchini und Auberginen dazugeben und 3–4 Min. unter Rühren mitdünsten. Tomatensaft dazugießen, alles zugedeckt bei mittlerer Hitze 10–15 Min. schmoren. Mit Salz und Pfeffer abschmecken.

4 Gleichzeitig in einer schweren, möglichst gusseisernen Pfanne 1 TL Butter zerlassen, 1 kleine Schöpfkelle (ca. 50 ml) Teig hineingeben und durch Schwenken verteilen. Galette in 1–2 Min. backen. Wenn er fest ist, umdrehen und kurz auf der anderen Seite backen. Auf die gleiche Art nacheinander 16 Buchweizen-Galettes backen. Die fertigen Exemplare im Backofen bei 80° warm halten. Mit dem Ratatouille anrichten.

Gefüllte Gurken mit

leicht und lecker

Tomatenweizen

FÜR 4 PERSONEN
ZUBEREITUNG: CA. 35 MIN. | 15 MIN. GAREN

pro PORTION ca. 390 kcal

18 g EIWEISS 22 g FETT 28 g KOHLENHYDRATE

Salz | 4 Gärtnergurken (à ca. 300 g) | 1 Zwiebel | 2 Knoblauchzehen
2 EL Olivenöl | 2 Beutel 10-Minuten-Weichweizen (250 g) | ⅜ l Toma-
tensaft | ¼ l Gemüsebrühe | Pfeffer | 120 g frisch geriebener Pecorino
(ersatzweise Parmesan) | 2 TL getrockneter Oregano | 2 EL Butter

1 In einem großen Topf reichlich Salzwasser zum Kochen bringen.
Gurken putzen, schälen, längs halbieren und die Kerne mit einem
Löffel herausschaben. Gurkenhälften im sprudelnd kochenden
Salzwasser 3 Min. garen. Herausnehmen und abtropfen lassen.

2 Backofen auf 200° (Umluft 180°) vorheizen. Die Zwiebel und
den Knoblauch schälen, fein würfeln und im heißen Öl glasig dünsten. Weizen aus dem Kochbeutel nehmen, zufügen und unter Rühren kurz anrösten. Tomatensaft und ⅛ l Brühe dazugießen, aufkochen und den Weizen zugedeckt unter gelegentlichem Rühren
10 Min. garen. Salzen und pfeffern.

3 Den Topf vom Herd nehmen, 60 g Pecorino, den Oregano und
die Butter unter den Weizen mischen. Die Gurkenhälften innen
salzen und mit dem Weizen füllen, übrigen Käse aufstreuen. Die
Gurkenhälften in eine ofenfeste Form setzen, restliche Brühe dazugießen. Alles im Ofen (Mitte) 15 Min. garen. Nach Belieben mit
frischem Majoran garnieren.

Überbackener Gemüsekuchen

FÜR 4 PERSONEN
ZUBEREITUNG: CA. 40 MIN. | 40 MIN. BACKEN

pro PORTION ca. 680 kcal
21 g EIWEISS 40 g FETT 60 g KOHLENHYDRATE

750 g Kartoffelteig für Reibekuchen (Fertigprodukt) | Salz
Pfeffer | 1 kleine Zwiebel | 50 g Mehl | 3 Eier | 300 g Brokkoli
1 Möhre | 1 kleiner Zucchino | 1 rote Paprikaschote | 200 g Crème
fraîche | 75 g geriebener Emmentaler | Fett für die Form

1 Den Backofen auf 220° (Umluft 200°) vorheizen. Den Kartoffelteig in eine Schüssel geben, kräftig mit Salz und Pfeffer würzen. Zwiebel schälen und sehr fein würfeln, mit dem Mehl und 1 Ei zum Kartoffelteig geben. Eine Tarteform (28 cm Ø) einfetten, Teig hineingeben und glatt streichen und im Ofen (Mitte) 15 Min. vorbacken.

2 Inzwischen für das Gemüse reichlich Salzwasser zum Kochen bringen. Gemüse putzen und waschen oder schälen. Brokkoli in Röschen, Stiele in ½ cm dicke Scheiben schneiden. Möhre und Zucchino in kleine Würfel, Paprika in Streifen schneiden. Alle Gemüse 2–3 Min. im kochenden Salzwasser blanchieren, abgießen, eiskalt abschrecken und gut abtropfen lassen.

3 Die übrigen 2 Eier mit der Crème fraîche und dem Käse verquirlen, mit Salz und Pfeffer würzen. Das Gemüse auf dem vorgebackenen Teig verteilen, mit dem Eierguss begießen. Ofentemperatur auf 200° (Umluft 180°) herunterschalten, den Kuchen noch 25 Min. backen.

Tuning-Tipp

Für einen kräuterwürzigen Kartoffelteig ½ Bund fein geschnittenen Schnittlauch untermischen.

Selleriepuffer mit
Apfel-Joghurt-Dip

am besten pfannenfrisch

FÜR 4 PERSONEN
ZUBEREITUNG: CA. 30 MIN.

pro PORTION ca. 485 kcal
8 g EIWEISS 33 g FETT 39 g KOHLENHYDRATE

400 g Knollensellerie | 800 g Kartoffeln | Salz | Pfeffer
2 Eigelbe | 3 EL Speisestärke | 8–10 EL Öl | 1 kleiner
säuerlicher Apfel | 2 EL Crème double | 250 g Naturjoghurt | 1–2 TL geriebener Meerrettich (Glas) | 1 Bund
Schnittlauch

1 Den Sellerie putzen, schälen und grob raspeln.
Kartoffeln schälen, ebenfalls nicht zu fein raspeln
und gut ausdrücken. Kartoffel- und Sellerieraspel
mischen, mit Salz und Pfeffer würzen. Eigelbe und
Speisestärke untermischen.

2 In zwei beschichteten Pfannen etwas Öl erhitzen.
Den Teig portionsweise mit einem Esslöffel hineingeben, flachdrücken und in 4–5 Min. zu kleinen Puffern backen. Immer wieder etwas Öl für die nächsten
Puffer in die Pfanne geben. Puffer auf Küchenpapier
abtropfen lassen. Fertige Puffer im Backofen bei
80° warm halten.

3 Den Apfel waschen, vierteln, vom Kerngehäuse
befreien und fein würfeln. Crème double und Joghurt
verrühren, Apfelstückchen unterrühren. Mit Meerrettich, Salz und Pfeffer würzen. Schnittlauch waschen,
trocken schütteln und in feine Röllchen schneiden.
Dip zu den Puffern servieren.

Schmarren mit
Pfifferlingen

FÜR 4 PERSONEN
ZUBEREITUNG: CA. 45 MIN.

pro PORTION ca. 510 kcal

16 g EIWEISS 42 g FETT 16 g KOHLENHYDRATE

300 g kleine Pfifferlinge | 1 Bund Frühlingszwiebeln
2 Knoblauchzehen | ½ Bund Thymian | 60 g Mehl
(Type 550) | 200 ml Milch | 6 Eier | Salz | Pfeffer
3 EL Butter | 250 g Crème fraîche | 1 Beet Kresse

1 Die Pfifferlinge putzen, abreiben und grob zerteilen.
Frühlingszwiebeln waschen, putzen, das Weiße klein würfeln, das Hellgrüne fein schneiden. Knoblauch schälen
und fein hacken. Thymian abbrausen, trocken schütteln,
Blättchen abzupfen und grob hacken.

2 Den Backofen auf 200° (Umluft 180°) vorheizen. Mehl
mit Milch, Eiern, Salz und Pfeffer zu einem Teig verrühren.
In einer großen Pfanne 2 EL Butter zerlassen. Frühlingszwiebeln und Pfifferlinge bei mittlerer Hitze 1 Min. anbraten. Mit Salz, Pfeffer und Thymian würzen. Eiermasse
darübergießen, bei mittlerer Hitze 4–5 Min. anbraten.
Pfanne (Kunststoffgriff mit Alufolie umwickeln!) in den
Ofen (2. Schiene von unten) stellen und den Schmarren
12–15 Min. backen, bis der Teig gestockt ist.

3 Inzwischen die Crème fraîche mit ⅔ der Kresse in
einem Schälchen vermischen, leicht salzen und pfeffern.
Mit der übrigen Kresse bestreuen.

4 Pfanne herausnehmen. Eine Herdplatte anstellen und
die Pfanne draufstellen. Die restliche Butter in Flöckchen
über den Schmarren verteilen. Teig mit zwei Gabeln in
große Stücke zerteilen, Stücke wenden und weitere 3–4
Min. braten, bis auch die untere Seite gebräunt ist. Mit
der Kressecreme servieren.

Kürbis-Couscous

ganz einfach

mit Shiitake

Salz | 5 EL Olivenöl | 250 g Couscous (mittelgrob) | 500 g Hokkaido-Kürbis | 200 g Shiitake-Pilze | 2 rote Zwiebeln | 2 Knoblauchzehen | 1 walnussgroßes Stück Ingwer | 1 Bund Petersilie Cayennepfeffer | 300 g Sahnejoghurt | 2 EL Limettensaft | Pfeffer

FÜR 4 PERSONEN
ZUBEREITUNG: CA. 40 MIN.
pro PORTION ca. 445 kcal
10 g EIWEISS 21 g FETT 53 g KOHLENHYDRATE

1 In einem Topf ¼ l leicht gesalzenes Wasser mit 1 EL Öl aufkochen, Couscous einrühren. Topf vom Herd nehmen, Couscous in 5–7 Min. ausquellen lassen, dann mit einer Gabel auflockern.

2 Inzwischen den Kürbis halbieren, entkernen, schälen und das Fruchtfleisch in 1 cm große Würfel schneiden. Pilze putzen, die Stiele entfernen, Pilze vierteln. Zwiebeln schälen und fein würfeln, Knoblauch schälen und fein hacken. Ingwer schälen und in kleine Würfel schneiden. Petersilie waschen, trocken schütteln, Blätter abzupfen und hacken.

3 Das übrige Olivenöl in einer großen Pfanne erhitzen. Den Kürbis darin bei mittlerer Hitze 5 Min. unter Rühren braten. Zwiebeln, Knoblauch und Ingwer hinzufügen und kurz andünsten. Pilze dazugeben und unter Wenden 2 Min. mitbraten. Mit Salz und Cayennepfeffer würzen. Couscous und die Petersilie bis auf 1 EL unter das Gemüse mischen.

4 Joghurt mit Limettensaft, Salz und Pfeffer verrühren, mit 1 EL Petersilie bestreut zum Kürbis-Couscous servieren.

Zitronen-Kräuter-Polenta
mit Peperonata

Tuning-Tipp

Polentaschnitten, z. B. für ein Büfett, können Sie super vorbereiten: am Vortag 1 Ei unter die fertige Polenta rühren und diese auf einem geölten Backblech ca. 2 cm dick aufstreichen. Am nächsten Tag in Stücke schneiden und in Olivenöl 2–3 Min. auf jeder Seite goldbraun braten.

FÜR 4 PERSONEN
ZUBEREITUNG: CA. 40 MIN.

pro PORTION ca. 390 kcal

10 g EIWEISS 14 g FETT 56 g KOHLENHYDRATE

½ **Bund gemischte Kräuter (z. B. Salbei, Rosmarin, Oregano, Basilikum) | 4 EL Olivenöl | 1 l Gemüsebrühe | 250 g Polentagrieß | je 2 rote und gelbe Paprikaschoten (ca. 800 g) | 2 kleine weiße Zwiebeln | 1 kleine Dose Tomaten (400 g Inhalt) | Salz Pfeffer | 2 EL Crème fraîche | abgeriebene Schale von einer Bio-Zitrone | 1 EL Zitronensaft | 2 EL Weißweinessig**

1 Die Kräuter waschen, trocken schütteln, abzupfen und hacken. 2 EL Öl in einem schweren Topf erhitzen, Kräuter darin 1–2 Min. andünsten. Mit Brühe ablöschen, aufkochen lassen. Grieß einrühren, alles bei schwacher Hitze 5 Min. kochen, dann zugedeckt 10 Min. ausquellen lassen.

2 Inzwischen für die Peperonata die Paprikaschoten waschen und putzen. Schoten vierteln und in Rauten schneiden. Zwiebeln schälen, halbieren und in dünne Streifen schneiden. In einer großen Pfanne 2 EL Öl erhitzen. Paprika und Zwiebeln hineingeben und 5 Min. dünsten. Tomaten mit Saft dazugeben, Tomaten zerdrücken. Salzen und pfeffern, zugedeckt bei schwacher Hitze 10 Min. sanft kochen lassen, bis die Paprika bissfest sind.

3 Die Crème fraîche unter die Polenta rühren, mit etwas abgeriebener Zitronenschale und mit Zitronensaft sowie Salz und Pfeffer abschmecken. Peperonata mit Essig, Salz und Pfeffer würzen. Zu der Polenta servieren.

Schupfnudeln mit Paprika-Rahm-Kraut

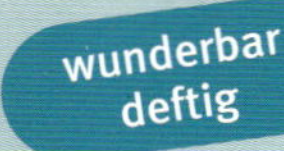

2 **Zwiebeln** | 1 rote **Paprikaschote** | 400 g **Sauer-kraut** | 2 EL **Butterschmalz** | 750 g **Schupfnudeln** (Kühlregal) | 200 g **Schmant** | 1 EL **Paprikamark** **Salz** | **Pfeffer** | ½ TL rosenscharfes **Paprikapulver** ½ **Bund Schnittlauch**

FÜR 4 PERSONEN

BLITZREZEPT: NUR CA. 20 MIN.

pro PORTION ca. 490 kcal

17 g EIWEISS 19 g FETT

74 g KOHLENHYDRATE

1 Die Zwiebeln schälen und fein würfeln. Die Paprikaschote waschen, halbieren, Samen und Trennwände entfernen, Hälften in feine Streifen schneiden. Sauerkraut etwas ausdrücken und auflockern.

2 In einer Pfanne 1 EL Butterschmalz erhitzen, Zwiebeln darin glasig dünsten. Paprikastreifen und Sauerkraut untermischen und 8–10 Min. bei schwacher Hitze braten.

3 Gleichzeitig in einer großen schweren Pfanne das übrige Butterschmalz erhitzen, Schupfnudeln darin in 10 Min. unter vorsichtigem Wenden rundherum goldbraun braten. Schmant mit Paprikamark, Salz, Pfeffer und Paprikapulver würzen, unter das Kraut mischen. Schnittlauch waschen, trocken schütteln und fein schneiden und vor dem Servieren aufstreuen. Paprikakraut zu den Schupfnudeln servieren.

Reibekuchen
mit Spinat und Ei

FÜR 4 PERSONEN
ZUBEREITUNG: CA. 40 MIN.

pro PORTION ca. 630 kcal

19 g EIWEISS 41 g FETT 49 g KOHLENHYDRATE

1 Zwiebel | 1 EL Butter | 450 g gehackter TK-Spinat | 6 Eier 2 EL Butterschmalz | 12 TK-Reibekuchen (ca. 750 g; ca. 12 cm Ø) | 500 g kleine Strauchtomaten | 150 g Crème fraîche | Salz | Pfeffer | frisch geriebene Muskatnuss

1 Die Zwiebel schälen und würfeln. Butter in einer Kasserolle erhitzen, Zwiebel darin glasig dünsten. Gefrorenen Spinat dazugeben und bei schwacher Hitze 12–15 Min. dünsten, zwischendurch umrühren.

2 Inzwischen die Eier in 8 Min. wachsweich kochen. In einer großen Pfanne das Butterschmalz erhitzen. Die unaufgetauten Reibekuchen portionsweise hineingeben und nach Packungsangabe in 5 Min. von beiden Seiten goldbraun braten, zwischendurch einmal wenden. Herausnehmen und im Backofen bei 100° warm halten. Eier abschrecken und pellen.

3 Die Tomaten waschen, vom Stielansatz befreien und quer in dünne Scheiben schneiden. Crème fraîche zum Spinat geben, aufkochen lassen, mit Salz, Pfeffer und Muskat würzen.

4 Die Puffer mit Tomatenscheiben belegen, Rahmspinat darauf verteilen. Eier halbieren, je eine Eihälfte in jedes Spinatbett setzen.

Camembert-Blätterteigtaschen mit Salat

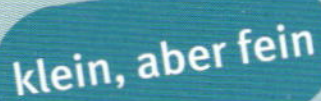

FÜR 4 PERSONEN
ZUBEREITUNG: CA. 40 MIN. | 15 MIN. BACKEN
pro PORTION ca. 905 kcal
34 g EIWEISS 68 g FETT 39 g KOHLENHYDRATE

**4 TK-Blätterteigplatten (ca. 300 g) | 4 runde Camemberts
(à ca. 125 g) | ½ Bund Petersilie | 1 Ei | 250 g Feldsalat
2 EL Walnusskerne | 3 EL Rotweinessig | Salz | Pfeffer
6 EL Rapsöl | 120 g Wildpreiselbeeren (aus dem Glas)
Mehl zum Ausrollen**

1 Die Blätterteigplatten nebeneinander auf der Arbeitsfläche nach Packungsangabe auftauen lassen. Inzwischen die Camemberts längs halbieren, sodass acht »Halbmonde« entstehen. Petersilie waschen, trocken schütteln und die Blätter abzupfen. Jede Teigplatte auf der bemehlten Arbeitsfläche zu einem Rechteck von 24 x 15 cm ausrollen und quer halbieren, sodass acht gleich große Rechtecke entstehen.

2 Backofen auf 200° (Umluft 180°) vorheizen. In die Mitte der Teigstücke jeweils einen Camembert und einige Petersilienblätter geben. Das Ei trennen und das Eiweiß verquirlen. Teigränder mit Eiweiß bestreichen. Teigecken diagonal über den Käse klappen, Ränder gut andrücken. Käsetaschen mit der Naht nach unten auf ein mit Backpapier belegtes Backblech legen. Eigelb und 2 EL Wasser verrühren, Käsetaschen damit bestreichen. Im Ofen (Mitte) 12–15 Min. backen.

3 Inzwischen den Salat gründlich waschen, putzen und verlesen. Walnüsse hacken und in einer Pfanne ohne Fett anrösten. Essig, Salz und Pfeffer verrühren, Öl unterschlagen. Salat und Nüsse darin wenden. Mit den Käsetaschen und Preiselbeeren anrichten.

Wirsing im Scheiterhaufen

preiswert

Salz | 500 g Wirsing | 1 große Zwiebel | 2 Knoblauch-
zehen | 6 getrocknete Tomaten (in Öl) | 4 EL Butter
Pfeffer | frisch geriebene Muskatnuss | 250 g Brot-
Chips (Fertigprodukt) | 150 g junger Gouda | 2 Eier
¼ l Milch | Butter für die Form

FÜR 4 PERSONEN
ZUBEREITUNG: CA. 30 MIN. | 35 MIN. BACKEN
pro PORTION ca. 590 kcal
21 g EIWEISS 43 g FETT 34 g KOHLENHYDRATE

1 Reichlich Salzwasser zum Kochen bringen. Wirsing waschen, putzen und in feine Streifen schneiden. Im kochenden Salzwasser 3–4 Min. garen. In ein Sieb abgießen, abschrecken und gut abtropfen lassen.

2 Inzwischen die Zwiebel schälen und fein würfeln.
Knoblauch schälen. Getrocknete Tomaten fein würfeln.
2 EL Butter erhitzen, Zwiebel darin glasig dünsten. Knoblauch dazupressen. Tomaten und Wirsing kurz mitdünsten.
Mit Salz, Pfeffer und Muskat würzen.

3 Den Backofen auf 200° vorheizen. Eine flache Auflaufform mit Butter einstreichen. Die Hälfte der Brot-Chips
darin verteilen, mit 1 EL Butter in Flöckchen belegen. Die
Hälfte der Wirsingmischung daraufgeben. Käse in Würfel
schneiden, obendrauf streuen. Übrigen Wirsing darauf-
schichten, mit restlichen Brot-Chips belegen.

4 Eier und Milch verquirlen, mit Salz, Pfeffer und Muskat
kräftig würzen. Gleichmäßig über das Gratin verteilen, mit
den übrigen Butterflöckchen belegen. Im Ofen (2. Schiene
von unten, Umluft 180°) 30–35 Min. backen.

Arme Ritter mit
Rhabarberkompott

FÜR 4 PERSONEN
ZUBEREITUNG: CA. 35 MIN.
pro PORTION ca. 705 kcal
19 g EIWEISS 32 g FETT 84 g KOHLENHYDRATE

750 g Rhabarber | 100 ml Blutorangen- oder Orangensaft | 150 g Zucker | 1 EL Speisestärke | 4 Eier | ¼ l Milch
1 Päckchen Vanillezucker | 1 Prise Salz | 250 g Weißbrot
vom Vortag | 4 EL Butterschmalz | 100 g gemahlene
Mandeln | Puderzucker nach Belieben

1 Den Rhabarber waschen, putzen und schälen. Die
Stangen schräg in ca. 2 cm lange Stücke schneiden.
Orangensaft und 100 g Zucker zum Kochen bringen.
Rhabarber dazugeben und zugedeckt bei schwacher
Hitze 3 Min. dünsten.

2 Die Speisestärke mit 2 EL Wasser verrühren, in den
Rhabarber einrühren, nochmals aufkochen lassen.
Vom Herd nehmen, Kompott abkühlen lassen.

3 Die Eier mit Milch, übrigem Zucker, Vanillezucker
und Salz verrühren. Brot in acht Scheiben schneiden,
in eine flache Form legen, mit der Eiermilch begießen
und einmal wenden.

4 Das Butterschmalz in zwei Pfannen gleichzeitig erhitzen. Brotscheiben in den Mandeln wenden und bei
mittlerer Hitze von jeder Seite in 3–4 Min. goldbraun
braten. Arme Ritter mit dem Rhabarberkompott servieren. Nach Belieben mit etwas Puderzucker bestäuben.

Dampfnudeln auf Mango- und Vanillesauce

FÜR 4 PERSONEN
ZUBEREITUNG: CA. 35 MIN.
pro PORTION ca. 750 kcal
15 g EIWEISS 28 g FETT 109 g KOHLENHYDRATE

**1 reife Mango (ca. 500 g) | 2 EL Zitronensaft | 3 EL Zucker
8 Dampfnudeln (Fertigprodukt; aus dem Kühlregal, ca. 650 g)
1 Vanilleschote | ¼ l Milch | 250 g Sahne | 1 gehäufter EL
Speisestärke | 2 EL Haselnuss-Krokant**

1 Die Mango schälen und das Fruchtfleisch in Stücken vom Stein abschneiden. Etwa ein Drittel Mangofleisch beiseitelegen, restliches Fruchtfleisch klein schneiden. Mit dem Zitronensaft und 1 EL Zucker vermischen und im Mixer oder mit dem Pürierstab fein pürieren.

2 In einem großen Topf Wasser zum Kochen bringen. Einen Siebeinsatz einhängen, 4 Hefeklöße hineinlegen und zugedeckt bei mittlerer Hitze 10 Min. dämpfen. Im Backofen bei 80° warm halten. Übrige Hefeklöße dämpfen.

3 Inzwischen für die Vanillesauce die Vanilleschote aufschneiden und das Mark herausholen. Milch, Sahne, Vanillemark und Vanilleschote mit dem übrigen Zucker und der Speisestärke verrühren. Aufkochen und 2 Min. kochen, dann abkühlen lassen. Vanilleschote entfernen. Übriges Mangofleisch in ganz feine Spalten schneiden.

4 Mangopüree und Vanillesauce nebeneinander auf vier Teller geben. Dampfnudeln daraufsetzen, mit Krokant bestreuen und mit den Mangospalten garnieren.

Pfannkuchen
mit Orangensalat

FÜR 4 PERSONEN
ZUBEREITUNG: CA. 40 MIN.
pro PORTION ca. 575 kcal
14 g EIWEISS 27 g FETT 69 g KOHLENHYDRATE

4 Orangen | 4 EL Zucker | 1 Päckchen Vanillezucker
40 g Walnusskerne | 2 Eier | 200 g Mehl | 200 ml Milch
200 ml Mineralwasser | Salz | 6–8 TL Butterschmalz zum
Braten | 200 g Vanille-Sahnejoghurt (Kühlregal)

1 2 Orangen samt der weißen Haut sorgfältig schälen. Filets zwischen den Trennwänden herausschneiden, abtropfenden Saft auffangen. Saft der anderen beiden Orangen auspressen.

2 Den Orangensaft mit 2 EL Zucker und Vanillezucker aufkochen, bei starker Hitze in 5 Min. sirupartig einkochen. Vom Herd nehmen, Orangenfilets in den Sirup geben und das Ganze etwas abkühlen lassen. Walnüsse hacken und ohne Fett goldbraun rösten, abkühlen lassen.

3 Für den Teig die Eier trennen. Eigelbe mit Mehl, übrigem Zucker, Milch und Mineralwasser verrühren. Eiweiß mit 1 Prise Salz schnittfest schlagen und darunterheben.

4 In einer großen Pfanne 2 TL Butterschmalz erhitzen. Ein Viertel des Teigs hineingießen und bei schwacher Hitze 2–3 Min. braten, vorsichtig wenden und die zweite Seite auch 2 Min. braten. Die anderen drei Pfannkuchen genauso zubereiten. Fertige Pfannkuchen im Ofen bei 80° warm halten. Pfannkuchen anrichten, Orangensalat darauf verteilen und mit den Walnüssen bestreuen. Vanillejoghurt extra reichen.

Aprikosen-Kirsch-Clafoutis

250 g frische Sauerkirschen (ersatzweise abgetropfte Kirschen aus dem Glas oder aufgetaute TK-Kirschen) | 2 EL gemahlene Mandeln 250 g Aprikosen | 4 Eier (Größe L) | 100 g feiner Zucker | 1 Päckchen Vanillezucker | 1 Prise Salz | 80 g Mehl | 250 ml Milch | Butter für die Form | Puderzucker zum Bestäuben

FÜR 4 PERSONEN
ZUBEREITUNG: CA. 25 MIN. | 35 MIN. BACKEN

pro PORTION ca. 440 kcal
14 g EIWEISS 14 g FETT 65 g KOHLENHYDRATE

1 Den Backofen auf 180° vorheizen. Eine Tarteform (28 cm Ø) oder eine andere flache Form einfetten. Die Kirschen waschen, entsteinen und in den Mandeln wenden. Aprikosen waschen, halbieren, entsteinen und in Spalten schneiden.

2 Die Eier mit dem Zucker, Vanillezucker und Salz schaumig rühren. Nach und nach das Mehl und die Milch untermischen und gründlich unterrühren, bis ein dünner Pfannkuchenteig entstanden ist.

3 Den Teig in die Tarteform gießen, Kirschen und Aprikosen gleichmäßig auf dem Teig verteilen. Im Ofen (Mitte, Umluft 160°) 35 Min. backen. Den Clafoutis mit Puderzucker bestäubt lauwarm servieren.

Gäste-Tipp
Der französische Klassiker schmeckt auch super als Dessert – die Menge reicht dann für 6–8 Personen!

Mohnnudeln
mit Himbeeren

machen glücklich!

Salz | 300 g breite Bandnudeln | 400 g Himbeeren | 4 EL Zucker | 6 EL Kirschsaft | 75 g Butter | 1 Päckchen Bourbon-Vanillezucker | 40 g gemahlener Mohn | ⅛ l Milch etwas Zitronenmelisse | Puderzucker zum Bestäuben

FÜR 4 PERSONEN
ZUBEREITUNG: CA. 30 MIN.

pro PORTION ca. 570 kcal

14 g EIWEISS 22 g FETT 80 g KOHLENHYDRATE

1 In einem Topf reichlich leicht gesalzenes Wasser aufkochen. Die Nudeln darin nach Packungsanweisung 10–12 Min. garen.

2 Inzwischen die Himbeeren (nur falls nötig) waschen, vorsichtig trocken tupfen und verlesen. Die Hälfte der Himbeeren mit 2 EL Zucker und dem Kirschsaft glatt pürieren.

3 In einer großen Pfanne die Butter schmelzen lassen. Übrigen Zucker und den Vanillezucker dazugeben und goldbraun karamellisieren. Mohn einrühren, kurz anschwitzen. Mit der Milch ablöschen und 2–3 Min. bei mittlerer Hitze kochen lassen.

4 Die Nudeln abgießen, kurz abtropfen lassen, in die Pfanne geben und 2 Min. in der Mohnmilch wenden. Die Mohnnudeln mit dem Himbeerpüree und den restlichen Himbeeren anrichten. Mit abgezupften Melisseblättchen garnieren und mit Puderzucker bestäuben.

Heidelbeer-Kaltschale
mit Crunchies

FÜR 4 PERSONEN
BLITZREZEPT: NUR CA. 20 MIN.
pro PORTION ca. 390 kcal
11 g EIWEISS 16 g FETT 49 g KOHLENHYDRATE

250 g Heidelbeeren | 2 EL Zitronensaft
500 g eiskalte Buttermilch | 500 g Naturjoghurt
1 TL abgeriebene Schale von 1 Bio-Zitrone
40 g Puderzucker | 40 g Butter | 100 g Müslimischung | 40 g Akazienhonig

1 Die Heidelbeeren waschen, abtropfen lassen, vorsichtig trocken tupfen und verlesen. Die Hälfte davon mit dem Zitronensaft fein pürieren. Das Heidelbeerpüree mit der Buttermilch, Joghurt, Zitronenschale und Puderzucker verrühren. Die Fruchtmasse auf tiefe Teller verteilen oder in Gläser füllen.

2 Die Butter in einer Pfanne schmelzen. Die Müslimischung und den Honig hineingeben und unter ständigem Rühren in 3–5 Min. goldbraun rösten. Die »Crunchies« vom Herd nehmen, etwas abkühlen lassen.

3 Die Kaltschale mit den übrigen Heidelbeeren und den Crunchies bestreuen.

Buttermilch-Plinsen
mit Obstsalat

FÜR 4 PERSONEN
ZUBEREITUNG: CA. 45 MIN.

pro PORTION ca. 660 kcal

18 g EIWEISS 27 g FETT 85 g KOHLENHYDRATE

**4 Eier | 250 g Buttermilch | 250 g Mehl | 4 EL Zucker
1 Prise Salz | 125 g Mascarpone | 1 Päckchen Bourbon-
Vanillezucker | 2 EL Zitronensaft | 2 Birnen | 200 g Zwetsch-
gen | 200 g grüne Weintrauben | 4 TL Butterschmalz zum
Braten | Puderzucker zum Bestäuben nach Belieben**

1 Die Eier trennen. Eigelbe mit Buttermilch, Mehl, 2 EL Zucker und 1 Prise Salz zu einem glatten Teig verrühren. Eiweiße steif schlagen und unter den Teig heben. 10 Min. ruhen lassen.

2 Inzwischen den Mascarpone mit dem Vanillezucker, übrigem Zucker und Zitronensaft verrühren. Birnen waschen, vierteln, vom Kerngehäuse befreien und in dünne Spalten schneiden. Zwetschgen waschen, entsteinen und ebenfalls in Spalten schneiden. Weintrauben waschen, abzupfen und halbieren. Alles Obst unter die Vanillecreme heben.

3 In einer schweren Pfanne etwas Butterschmalz erhitzen. 2 EL Teig nebeneinander hineingeben, sodass handtellergroße Plinsen entstehen. Auf jeder Seite 3 Min. backen. Immer wieder Butterschmalz in die Pfanne geben. Fertige Plinsen im Backofen bei 80° warm halten. Die Plinsen mit Obstsalat servieren.

Tausch-Tipp

Statt Obstsalat können Sie auch ein Pflaumen- oder Apfelkompott dazu reichen oder frische, gezuckerte Beeren.

"

Bananenstrudel mit Schokoladensauce

FÜR 4 PERSONEN
ZUBEREITUNG: CA. 35 MIN. | 40 MIN. BACKEN

pro PORTION ca. 715 kcal
23 g EIWEISS 36 g FETT 73 g KOHLENHYDRATE

1 Päckchen Strudelteig (fertig ausgerollt; aus dem Kühlregal, ca. 100 g) | 2 Eier | 250 g Speisequark (20% Fett) | 75 g Zucker | 1 Päckchen Vanillezucker 50 g gehackte Mandeln | 1 Prise Salz | 2 kleine Bananen | 2 EL Butter | 500 ml Milch | 150 g Vollmilchschokolade | Mehl zum Aufrollen | Butter für die Form

1 Ein Küchentuch mit Mehl bestäuben. Strudelteig auseinanderfalten und drauflegen. Eier trennen. Quark, Eigelbe, Zucker, Vanillezucker und Mandeln verrühren. Eiweiße mit Salz zu Schnee schlagen, unter die Quarkmasse heben. Füllung auf dem Teig verteilen, dabei einen 3 cm breiten Rand frei lassen. Bananen schälen, in Scheiben schneiden und auf der Quarkmasse verteilen.

2 Backofen auf 200° vorheizen. Eine große Auflaufform einfetten. Butter zerlassen. Teigränder einschlagen und Teig von der Längsseite her mit Hilfe des Tuchs aufrollen. Strudel in die Form legen. Mit Butter bestreichen und mit ⅛ l Milch übergießen. Strudel im Ofen (Mitte, Umluft 180°) 35–40 Min. backen.

3 Schokolade in Stücke brechen. Die restliche Milch aufkochen, Schokolade dazugeben und bei schwacher Hitze rühren, bis sie sich aufgelöst hat. Schokoladensauce lauwarm zum Strudel servieren.

Apfel-Mandel-Gratin

FÜR 4 PERSONEN
ZUBEREITUNG: CA. 30 MIN. | 30 MIN. BACKEN

pro PORTION ca. 485 kcal
24 g EIWEISS 10 g FETT 57 g KOHLENHYDRATE

600 g Äpfel (z. B. Boskop) | 2 EL Zitronensaft
75 g Rosinen | 100 g Amaretti (Mandelmakronen)
2 Eier | 50 g Zucker | 1 Päckchen Vanillezucker
500 g Magerquark | 2 EL Speisestärke | 3 EL Mandel-
blättchen | Butter für die Form

1 Eine flache ofenfeste Form einfetten. Die Äpfel schälen und je nach Größe vierteln oder achteln, vom Kerngehäuse befreien und längs oder quer in dünne Scheiben schneiden. Mit dem Zitronensaft beträufeln. Rosinen waschen und abtropfen lassen. Amaretti mit dem Nudelholz zerdrücken. Äpfel, Rosinen und Amaretti vermischen, in der Form verteilen.

2 Den Backofen auf 200° vorheizen. Die Eier trennen. Eigelbe mit dem Zucker, Vanillezucker und 2 EL heißem Wasser schaumig schlagen. Quark und Speisestärke unterrühren. Eiweiße steif schlagen und unterheben.

3 Die Quarkmasse auf den Äpfeln verteilen. Mit den Mandelblättchen bestreuen. Gratin im Ofen (2. Schiene von unten, Umluft 180°) 25–30 Min. überbacken.

Quarkkeulchen
mit Apfelmus

300 g Magerquark | 500 g Kartoffelteig »halb und
halb« (Kühlregal) | 150 g Mehl | 4 EL Zucker
30 g Haselnuss-Krokant | 50 g Rosinen | 1 Ei und
1 Eigelb | 3 EL Butterschmalz | 1 TL Zimt | 500 g Apfel-
mus (Glas oder Tetrapak) | Mehl für die Arbeitsfläche

FÜR 4 PERSONEN
ZUBEREITUNG: CA. 45 MIN.

pro PORTION ca. 645 kcal
20 g EIWEISS 15 g FETT 109 g KOHLENHYDRATE

1 Den Quark in einem Sieb 10 Min. abtropfen lassen. Inzwischen den Kartoffelteig in eine Schüssel
geben und mit einer Gabel auflockern. Mehl, 2 EL
Zucker, Krokant und Rosinen dazugeben. Ei und Eigelb verquirlen und mit dem Quark hinzufügen.

2 Alle Zutaten kurz durcharbeiten und in zwei
Portionen teilen. Diese auf der bemehlten Arbeitsfläche zu ovalen Rollen von 6–7 cm Ø formen. Die
Rollen in 1,5 cm dicke Scheiben (Keulchen) schneiden, diese flach drücken.

3 In einer große Pfanne nacheinander je 1 EL
Schmalz erhitzen, die Keulchen darin portionsweise
von jeder Seite in 4 Min. goldbraun braten. Fertige
Keulchen im Backofen bei 75° warm halten. Übrigen
Zucker und Zimt vermischen, über die Keulchen
streuen. Dazu das Apfelmus servieren.

Reste-Tipp
Haben Sie Pellkartoffeln
vom Vortag übrig? Dann nehmen Sie diese statt des Kar-
toffelteigs: pellen, fein reiben und wie beschrieben
weiter verarbeiten.

Ananas-Kokosreis-Auflauf

FÜR 4 PERSONEN
ZUBEREITUNG: CA. 35 MIN. | 30 MIN. BACKEN

pro PORTION ca. 600 kcal
10 g EIWEISS 25 g FETT 82 g KOHLENHYDRATE

1 Limette (ersatzweise ½ Bio-Zitrone) | 400 g ungesüßte Kokosmilch (Dose) | 125 g brauner Zucker | 1 Prise Salz 125 g Minuten-Milchreis | ½ frische Ananas (ca. 600 g) 4 Eier | 60 g Kokosrapsel | 40 g Butter | Fett für die Form

1 Die Limette heiß waschen, abtrocknen und die Schale fein abreiben. In einem Topf Limettenschale mit Kokosmilch, 100 g Zucker und Salz aufkochen lassen. Milchreis unterrühren, 5 Min. bei mittlerer Hitze kochen, dabei ab und zu umrühren, dann zugedeckt 10 Min. auf der abgeschalteten Herdplatte quellen lassen.

2 Inzwischen die Ananas vom Schopf befreien, schä-len und die braunen »Augen« sowie den Strunk entfer-nen. Das Fruchtfleisch in kleine Würfel schneiden.

3 Den Backofen auf 200° vorheizen. Die Eier trennen. Eigelbe zum Reis geben und unterrühren, Ananasstücke untermischen. Eiweiße steif schlagen und unterheben.

4 Eine Auflaufform fetten. Die Reismischung einfüllen. Mit den Kokosraspeln und dem übrigen Zucker bestreu-en. Mit der Butter in Flöckchen belegen. Auflauf im Ofen (2. Schiene von unten, Umluft 180°) 30 Min. backen.

Beeren-Pizza
mit Nüssen

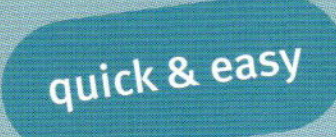

FÜR 4 PERSONEN
ZUBEREITUNG: CA. 25 MIN. | 25 MIN. BACKEN
pro PORTION ca. 725 kcal
16 g EIWEISS 34 g FETT 88 g KOHLENHYDRATE

400 g TK-Beeren | 125 g Magerquark | 50 ml Milch | 4 EL Öl
125 g Zucker | 1 Prise Salz | 250 g Mehl (Type 1050) | ½ Päckchen
Backpulver | 125 g Crème fraîche | 1 Ei | 2 TL Speisestärke | 50 g ge-
hackte Haselnüsse | Mehl für die Arbeitsfläche | Fett für das Blech

1 Die Beeren antauen lassen. Für den Teig den Quark mit Milch, Öl, 60 g Zucker und Salz kräftig verquirlen. Mehl und Backpulver vermischen, mit dem Mixer unter die Quarkmasse rühren. Mischung auf die leicht bemehlte Arbeitsfläche schütten und zu einem Teig verarbeiten.

2 Den Backofen auf 200° vorheizen. Ein Backblech einfetten und den Teig darauf zu einem ovalen Fladen ausrollen.

3 Crème fraîche, Ei, 50 g Zucker und Speisestärke verrühren und den Teig damit bestreichen. Mit den Beeren belegen und mit den Nüssen bestreuen. Im heißen Ofen (2. Schiene von unten, Umluft 180°) 20–25 Min. backen. Noch heiß mit dem übrigen Zucker bestreuen.

Impressum

Die Autorin

Martina Kittler ist Diplom-Oecotrophologin und hat ihre Leidenschaft fürs Kochen zum Beruf gemacht. Als Food-Autorin und Mutter zweier Kinder liegt ihr das Thema gesunde Ernährung mit Genussfreude besonders am Herzen. Ihre Spezialität sind familien- und alltagstaugliche Rezepte, die sie mit Fantasie und pfiffigen Ideen zu kreieren weiß. So stammen aus ihrer Feder so erfolgreiche Titel wie Wok, Kochen für die Familie, Backen für die Familie (als Mit-Autorin), Fisch und Saucen. Ihr Prinzip für die familiengerechte Küche: unkompliziert kochen und mindestens einmal pro Tag gemeinsam essen.

Die Fotografen

STUDIO L'EVEQUE Tanja & Harry Bischof sind seit 10 Jahren ein Team. Ihre Liebe zum Kochen (& Essen), zu Tischkultur und stimmungsvollen Betrachtungsweisen realisieren sie mittels Styling, Requisite, Licht & Kamera. Das Ergebnis ist ansprechende Stillife-Fotografie mit dem ständigen Lieblingsthema: FOOD.

Das Fotostudio L'EVEQUE dankt den Münchner Firmen BÖHMLER im Tal, RADSPIELER in der Hackenstraße und BAZAR DE CUISINE in Haidhausen für das Verleihen von Requisiten.

© 2008 GRÄFE UND UNZER VERLAG GmbH, München

Alle Rechte vorbehalten. Nachdruck, auch auszugsweise, sowie Verbreitung durch Film, Funk, Fernsehen und Internet, durch fotomechanische Wiedergabe, Tonträger und Datenverarbeitungssysteme jeglicher Art nur mit schriftlicher Genehmigung des Verlags.

Titelfoto: Die auf dem Titel abgebildete »Lammpfanne mit grünen Bohnen« finden Sie auf der S. 56.

Programmleitung: Doris Birk

Leitende Redakteurin: Stephanie Wenzel

Konzept & Redaktion: Monika Greiner

Lektorat: Katharina Lisson

Korrektorat: Waltraud Schmidt

Covergestaltung & Innenlayout: independent Medien-Design, Sandra Gramisci und Martha Olesniewicz

Satz: Christopher Hammond

Herstellung: Petra Roth

Reproduktion: Longo AG, Bozen

Druck: Printed in China

ISBN 978-3-8338-1045-9

1. Auflage 2008

GRÄFE UND UNZER

Ein Unternehmen der GANSKE VERLAGSGRUPPE